Dieses Buch gehört:

München
1. Auflage 2015
ISBN 978-3-89883-491-9

Grafische Gestaltung	TextArt, München
Rezepte	Angelika Schwalber
Fotografie	Julia Hoersch
Foodstyling	Petra Speckmann
Styling	Maria Grossmann
Redaktion	Katja Rötzer, Eva-Maria Hege
Herstellung	Peter Karg-Cordes
Producer	Jan Russok
Druck & Bindung	Mohn Media Mohndruck GmbH, Gütersloh

Beim Druck dieses Buchs wurde durch den innovativen Einsatz der Kraft-Wärme-Kopplung im Vergleich zum herkömmlichen Energieeinsatz bis zu 52 % weniger CO_2 emittiert.

Besuchen Sie uns auch im Internet unter www.zsverlag.de und auf Facebook unter www.facebook.com/zsverlag

WEIHNACHTSPLÄTZCHEN

80 süße Versuchungen
von klassisch bis modern

Liebe Plätzchen-Fans,

wahrscheinlich spreche ich Ihnen aus der Seele, wenn ich sage: Ich bin einfach eine „Süße". Bereits als Kind habe ich für mein Leben gern gebacken – zur Freude meiner ganzen Familie. Schon früh stand für mich fest, dass ich Konditorin werden möchte. Und Plätzchenbacken war und ist meine größte Leidenschaft. Jedes Jahr warte ich ungeduldig auf die Vorweihnachtszeit, um endlich wieder Teig kneten und Plätzchen ausstechen und verzieren zu können. Wenn dann Zimt- und Nelkenduft durch das Haus strömen und alle sich an den süßen Knabbereien erfreuen, geht mir das Herz auf.

Besonders viel Spaß bereitet es mir, neue Rezepte zu kreieren oder Klassiker durch wenige Kniffe zu verändern. Die Ideen dafür kommen mir während des Backens, aber auch, wenn ich beim Einkaufen spannende neue Zutaten entdecke. Das Schönste für mich ist: Die Leidenschaft fürs Plätzchenbacken ist inzwischen auch auf meine Kinder übergesprungen – sie helfen mit Feuereifer mit, Kekse auszustechen, Glasuren anzurühren und Zuckerperlen aufzustreuen.

Ich hoffe, dass Sie in meinem Buch das ein oder andere Rezept finden, das Sie zum Nachbacken (und Vernaschen) verführt! Viel Spaß dabei und eine fröhliche, entspannte Vorweihnachtszeit wünscht Ihnen

Ihre Angelika Schwalber

Inhalt

KLEINES BACK-EINMALEINS

Gerade beim Backen kommt es auf exakte Mengen und hochwertige Zutaten an, denn wenn ein Teig nicht gelingt, macht auch die Weiterverarbeitung keine Freude mehr. Hier erfahren Sie Nützliches von A bis Z für die gelungene Weihnachtsbäckerei.

BACKZUTATEN VON A–Z

Für leckere Plätzchen braucht es oft nicht viel. Vielmehr steht und fällt das Backergebnis mit der Qualität der verwendeten Zutaten. Hier finden Sie eine kleine Übersicht der Zutaten, die in meinen Plätzchenrezepten eine große Rolle spielen.

Butter

Süßrahmbutter wird aus frischer Sahne hergestellt. Sie ist ungesäuert und hat einen milden, sahnigen Geschmack.
Sauerrahmbutter entsteht aus gesäuerter Sahne. Ihr Geschmack ist säuerlich bis kräftig frisch.

Eier

In der Regel gelten die Mengenangaben in den Rezepten für Eier der Gewichtsklasse M. Hier entspricht das Eigelb 20 g und das Eiweiß 30 g.

Fondant

Hierfür wird eine Zuckerlösung aufgekocht und anschließend auf einer Marmorplatte mit einer Palette so lange verstrichen („tabliert"), bis eine cremige, weiß glänzende Masse entsteht. Fertigen Fondant bekommt man übers Internet.

Honig

Das älteste Süßungsmittel der Menschheit ist sehr licht-, hitze- und feuchtigkeitsempfindlich. Honig sollte luftdicht verschlossen und dunkel bei 17 bis 20 °C gelagert werden.

Ingwer

Die asiatische Knolle wird in der Weihnachtsbäckerei vor allem als Pulver oder kandiert verwendet. Ingwer verleiht Gebäck eine feine Hintergrundschärfe.

Kakaopulver

Kakaopulver wird durch das Vermahlen von Kakaobohnen, denen zuvor der größte Teil an Kakaobutter entzogen wurde, gewonnen. Reines Kakaopulver hat ein kräftiges, leicht bitteres Aroma.

Kokos

Für Kokosraspel wird das getrocknete Fruchtfleisch der Kokosnuss fein geraspelt, für Kokoschips gehobelt.

Kuvertüren

Gibt es in Weiß, Vollmilch und Dunkel. Der Kakaoanteil von dunkler Kuvertüre liegt je nach Herstellung bei 60 bis 90 %, bei Vollmilchkuvertüre bei 30 bis 45 %. Weiße Kuvertüre besteht hauptsächlich aus Zucker, Kakaobutter und Milchpulver.

Mandelpuder

(auch Mandelpulver oder -mehl) wird aus geschälten Mandeln hergestellt und ist sehr viel feiner als gemahlene Mandeln. Erhältlich im Bioladen.

(Vegane) Margarine

Kann wie anderes Pflanzenfett beim Backen als veganer Ersatz für Butter verwendet werden.

Marzipanrohmasse

Gibt es als Block zur Weiterverarbeitung in Füllungen oder Massen. In der Rohmasse ist der Zuckeranteil geringer als im Dekormarzipan, etwa für Marzipandeckel oder Figuren. Für Marzipan zum „Eindecken" wird noch 20 % Puderzucker unter die Rohmasse geknetet. So ist es leichter zu verarbeiten.

Matcha-Teepulver

Der zu feinstem Pulver vermahlene Grüntee ist im Bioladen erhältlich. Vorsichtig verwenden, er ist sehr intensiv im Geschmack.

Mehlsorten
Mehl ist nicht gleich Mehl. Je nach Rezept können unterschiedliche Mehlsorten und -typen zum Einsatz kommen. Für Plätzchen eignet sich am besten Weizenmehl Type 405 oder Dinkelmehl Type 630.

Nussnougat
Masse aus gerösteten Haselnüssen, Zucker und Schokolade. Es ist ideal für Füllungen.

Orangen- und Zitronenabrieb
Fein abgeriebene Schale von frischen Orangen oder Zitronen. Ich verwende immer Bio-Früchte, die ich heiß wasche und abtrockne, bevor ich die Schale mit einer speziellen Reibe fein abreibe.

Piment
Auch Viergewürz oder Allgewürz. Es hat ein Aroma von Gewürznelke, Zimt, Pfeffer und Muskat.

Pfeilwurzelmehl
Kann bei Gluten-Unverträglichkeit als Stärkeersatz verwendet werden. Sie erhalten das Pulver in Bioläden oder im Reformhaus.

Sternanis
Ein Stern besteht aus acht Fruchtkapseln mit je einem Samen. Fein gerieben, verleiht Sternanis Teigen, Massen und Füllungen eine angenehm exotische Note. Ganze Sterne lasse ich gerne in Glühwein, Likören oder süßem Sud ziehen. Übrigens: Sternanis ist nicht mit Anis verwandt!

Trockenfrüchte
Ideal zum Backen, da durch den geringen Flüssigkeitsanteil die Plätzchen länger halten. Gleichzeitig wird Feuchtigkeit abgegeben: Die Plätzchen bekommen ein feines Aroma und sind mürber. Ich verwende am liebsten Soft-Früchte wie Soft-Aprikosen und Soft-Cranberrys, denn diese sind besonders saftig und aromatisch.

Vanilleschoten
Um an das süße Vanillemark zu gelangen, muss man die Schoten der Länge nach mit einem spitzen Messer aufschneiden und dann das Mark herauskratzen. Vanillemark ist für mich zum Aromatisieren von Mürbeteig unersetzlich. Aus der ausgekratzten Schote lässt sich einfach Vanillezucker selbst herstellen. Hierzu ein Glas mit Schraubverschluss mit Zucker füllen und die ausgekratzte Schote hineinstecken. Sie gibt ihr Aroma an den Zucker ab und wird auf natürliche Weise konserviert. Oder die getrocknete Schote mit etwas Zucker fein mahlen und mit dem übrigen Zucker mischen.

Zimt
Zählt zu den klassischen Weihnachtsgewürzen. Man unterscheidet zwischen Ceylon- und Kassia-Zimt. Der feine (und teurere) Ceylon-Zimt ist hell, sehr dünn und zerbrechlich. Chinesischer Zimt (Kassia-Zimt) ist im Geschmack würziger, dunkler und seine Stangen sind dicker.

Zimtblüte
So heißen die Knospen des Zimtbaums nach dem Ende der Blütezeit. Sie bilden ihr Aroma beim Trocknen. Es erinnert an Zimt, Gewürznelken, Orangenschale und schwarzen Pfeffer. Gibt es im Supermarkt oder im Internet.

Zuckersorten
Kristallzucker, vor allem die feine Raffinade, ist leicht löslich und eignet sich sehr gut für Plätzchenteige und Baiser.
Braune Zuckersorten sind die Wahl für Gebäcke, in denen der malzige Karamellgeschmack erwünscht ist (z.B. Honigkuchen).
Puderzucker ist ideal zur Herstellung von Glasuren und zum Bestäuben von Plätzchen. Ich verwende ihn auch für feine Rühr- und Mürbeteige.
Hagelzucker ist ein sehr grobkörniger weißer Zucker, der oft zum Dekorieren verwendet wird.

DIE 10 GRÖSSTEN PANNEN BEIM PLÄTZCHENBACKEN ...

Wohl jeder hat das Drama schon erlebt: Der Teig ist gemacht, und wenn es ans Verarbeiten geht, kommt das böse Erwachen – er krümelt oder klebt, lässt sich nicht ausrollen ... Mit kleinen Tricks gelingt es, die Situation zu retten – oder gar zu vermeiden!

WAS KÖNNEN SIE TUN, WENN ...

1 ... der Mürbeteig zu brüchig ist?
Dies ist häufig der Fall, wenn der Teig zu lang geknetet wurde. Am besten noch etwas Eiweiß hinzufügen.

2 ... Eischnee sich nicht steif schlagen lässt?
Eine Prise Salz oder ein paar Tropfen Zitronensaft dazugeben.

3 ... der Teig klebt und sich nicht ausstechen oder ausrollen lässt?
Den ausgerollten Teig noch einmal gut kühlen und dann erst ausstechen. Außerdem Teig stets portionsweise ausrollen, den Rest kühl stellen. Teigreste mit frischem gekühltem Teig vermischen und verarbeiten.

4 ... der Teig an den Ausstechförmchen kleben bleibt?
Eine Schale mit Mehl oder Zucker bereitstellen und das Förmchen vor jedem Ausstechen hineindrücken. Mehl- und Zuckerreste mit einem Pinsel entfernen.

5 ... die Plätzchen unterschiedlich backen?
Bereits beim Ausrollen des Teigs darauf achten, dass er möglichst überall gleichmäßig dick ist (siehe S. 12). Auch sollte der Abstand der Plätzchen beim Auflegen auf das Blech gleich sein.

6 ... die Plätzchen im Backofen trotzdem ungleichmäßig Farbe annehmen?
Das Backblech mit den Plätzchen zwischendurch herausnehmen und um 180 Grad gedreht wieder in den Backofen schieben.

7 ... die Plätzchen brechen und sich nicht vom Blech lösen lassen?
Das Blech noch einmal kurz in den warmen Backofen schieben, dann die Plätzchen sofort herunternehmen. Oder am besten immer Backpapier benutzen.

8 ... der Zuckerguss nicht richtig auf den Plätzchen haftet?
Den Zuckerguss durch die Zugabe von ein paar Tropfen Wasser oder Zitronensaft noch ein wenig flüssiger machen. Ebenfalls hilfreich: Die Plätzchen vor dem Backen mit einem Pinsel vorsichtig vom Mehl befreien.

9 ... die Füllung beim Zusammensetzen seitlich aus den Plätzchen herausdrückt?
Füllungen sollten generell nicht zu weich bzw. flüssig sein. Marmeladen bzw. Konfitüren am besten etwas andicken, Schokoladenfüllungen vor dem Verarbeiten leicht abkühlen lassen. Insgesamt nicht zu viel Füllung verwenden und diese immer in die Mitte der Plätzchen setzen.

10 ... die fertigen Plätzchen schnell trocken werden?
Die Plätzchen stets in sauberen, verschließbaren Dosen oder Gläsern kühl und trocken aufbewahren, am besten jede Sorte in einem extra Behälter. Wenn sie mürbe werden, können Sie eine Scheibe Brot hineinlegen. Diese von Zeit zu Zeit austauschen.

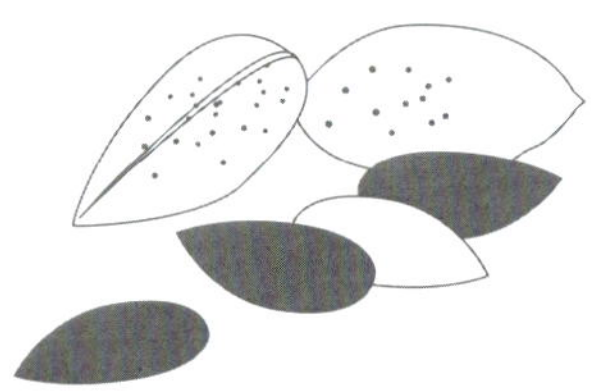

… UND WIE PANNEN GAR NICHT ERST PASSIEREN

Glänzender Fondant

Damit der Fondant am Ende auf den Plätzchen auch schön glänzt, darf er nicht zu warm gemacht werden. Außerdem etwas Glukose in Form von Puderzucker dazugeben bzw. die Plätzchen vor dem Glasieren mit etwas heißer Aprikosenkonfitüre bestreichen.

Der perfekte Mürbeteig

Alle Zutaten sollten die gleiche Temperatur haben (am besten Raumtemperatur), und auch die Butter sollte nicht zu kalt sein. So lässt sich der Mürbeteig besser und schneller verkneten, was wiederum verhindert, dass der Teig „brandig“ (brüchig) wird.

Tadellose Formen

Bei Ausstechplätzchen besteht die Herausforderung oft darin, die Plätzchen unbeschadet auf das Blech zu befördern. Daher den Teig gleich auf Backpapier in Blechgröße ausrollen, die Formen ausstechen und rundum überschüssigen Teig entfernen.

Eier trennen …

… Sie am besten einzeln über einer Tasse. Das verhindert, dass Eigelb ins Eiweiß kommt und es sich dadurch nicht mehr steif schlagen lässt.

Backzeiten

Jeder Herd backt anders, daher sind die in meinen Rezepten angegebenen Backzeiten nur als Richtwerte zu sehen. Generell gilt: Den Backofen immer vorheizen und die in den Rezepten angegebenen Einschubhöhen beachten. Wer ganz auf Nummer sicher gehen will, backt ein paar Probeplätzchen, wenn er ein Rezept das erste Mal ausprobiert, und ermittelt so die genau Backzeit.

So bleibt der Teig nicht kleben

Backbleche stets mit Backpapier belegen, am besten schon während der Teig noch ruht bzw. kühlt. Dies ermöglicht später einen zügigen Arbeitsablauf. Alternativ die Bleche gut einfetten und mit Mehl bestäuben.

Seidig-glatte Kuvertüre

Kuvertüre muss stets temperiert werden (siehe S. 13), damit die Schokolade nicht bröselig wird und sich kein grauer Fettreif bildet. Wenn es mal schnell gehen muss, können Sie auch 10 bis 15 % Pflanzen-, Kokos- oder Erdnussfett mitschmelzen. Übrigens: Damit die Kuvertüre immer fließfähig bleibt, niemals Flüssigkeit hinzugeben.

Steifer Eischnee

Die Eier sorgfältig trennen, sodass kein Eigelb in das Eiweiß gelangt. Die Schüssel, in welcher der Eischnee geschlagen wird, muss schmutz- und fettfrei sein. Mit Zucker aufschlagen und nicht zu lange rühren, damit der Eischnee nicht flockig wird.

KLEINE BACK- UND PATISSERIESCHULE

Auf den folgenden Seiten zeige ich Ihnen, wie Sie beim Plätzchenbacken Schritt für Schritt zu einem optimalen Ergebnis kommen. Die Tipps und Tricks können helfen, aber noch viel wichtiger ist der Spaß am Backen und Ausprobieren. Denken Sie stets daran: Es ist noch kein Meister vom Himmel gefallen – auch nicht zur Weihnachtszeit!

DER RICHTIGE UMGANG MIT MÜRBETEIG

1 Das Mehl auf die Arbeitsfläche sieben, eine Mulde in die Mitte drücken. Wachsweiche Butter in Stücke schneiden und in die Mitte geben. Puderzucker oder Zucker, Gewürze, 1 Prise Salz und Ei bzw. Eigelb ebenfalls dazugeben.

2 Die Zutaten mit den Händen rasch verkneten. Am besten immer wieder durch die Finger bröseln. Dann erst zu einem kompakten Teig kneten.

Zu einem Rechteck formen, in Frischhaltefolie wickeln und mindestens 1 Stunde (besser über Nacht) kühl stellen.

3 Dann den Teig portionsweise auf der bemehlten Arbeitsfläche gleichmäßig ausrollen. Das gelingt am besten zwischen zwei flachen Holzleisten (Baumarkt!).

4 Die Plätzchen mit einem zuvor in Mehl gedrückten Ausstechförmchen ausstechen.

SO GELINGT BAISER

1 Ein Drittel des Zuckers mit dem Eiweiß aufschlagen, dann das zweite Drittel einrieseln lassen und so lange weiterschlagen, bis Spitzen stehen bleiben.

2 Den restlichen Zucker mit gesiebtem Puderzucker vermischen und mit einem Spatel unter den Eischnee heben.

KUVERTÜRE TEMPERIEREN

1 Einen Topf zur Hälfte mit Wasser füllen und erhitzen (nicht kochen lassen). Eine passende Edelstahl- oder Porzellanschüssel wählen. Sie soll sich in den Topf hängen lassen, ohne den Topfboden zu berühren!

2 Zwei Drittel der im Rezept angegebenen Kuvertüremenge grob hacken und im heißen Wasserbad schmelzen. Die restliche Kuvertüre fein hacken.

3 Ein Drittel der geschmolzenen Kuvertüre abnehmen und warm halten. Den Topf vom Wasserbad nehmen.

4 Die fein gehackte Kuvertüre mit der geschmolzenen Kuvertüre in der Schüssel mischen, um die Schokolade abzukühlen.

5 Um die Kuvertüre wieder zu erwärmen, die abgenommene flüssige Kuvertüre nach und nach unterrühren, bis die gewünschte Temperatur erreicht ist: weiße Kuvertüre 28–29 °C, Vollmilchkuvertüre 29–30 °C, dunkle Kuvertüre 31–32 °C.

6 Vor dem Verarbeiten mit einer Messerklinge eine Probe machen: Zieht die Kuvertüre in kurzer Zeit ohne Streifen an und glänzt, können die Plätzchen überzogen werden.

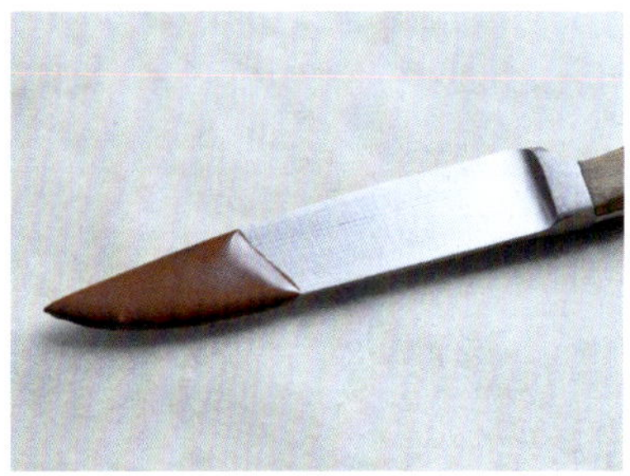

PLÄTZCHEN MIT KUVERTÜRE ÜBERZIEHEN

1 Für den perfekten Schokoladenüberzug das Plätzchen

mit der Oberseite kurz in die temperierte Kuvertüre tauchen und herausnehmen.

2 Nun das Plätzchen mehrmals hintereinander mit kleinen Auf- und Abbewegungen nur knapp auf die Oberfläche der Kuvertüre setzen. So wird durch die Oberflächenspannung überschüssige Schokolade wieder

abgezogen – es entsteht eine homogene Oberfläche.

3 Plätzchen auf ein Gitter setzen und trocknen lassen.

ZUCKERGUSS HERSTELLEN

Zuckerguss, die klassische Mischung aus Puderzucker und Zitronensaft, sieht nicht nur dekorativ aus, er kann Plätzchen auch ganz unterschiedliche Geschmacksrichtungen verleihen.

Klassisch	250 g Puderzucker sieben und mit 3 bis 4 EL Wasser glatt rühren.
Fruchtig	250 g Puderzucker mit 3 bis 4 EL Saft (z.B. aus Zitronen o. Orangen) glatt rühren.
Beschwipst	250 g Puderzucker mit 3 bis 4 EL Rum oder Orangenlikör glatt rühren.
Mal anders	250 g Puderzucker mit 1 TL Instant-Kaffeepulver und 3 bis 4 EL Milch oder mit 1 EL Kakaopulver und 3 bis 4 EL Milch mischen und glatt rühren.

EIWEISS-SPRITZGLASUR (ROYAL ICING)

Grundglasur: Sie ist die Basis für die Konturen- und Ausfüllglasur

In einer fettfreien Schüssel 1 Eiweiß, 250 g gesiebten Puderzucker und ½ TL Zitronensaft bei niedriger Stufe mit dem Rührgerät 4 bis 5 Minuten zu einer steifen, glänzenden weißen Glasur verrühren.

Konturenglasur: Mit ihr werden Konturen auf die Plätzchen gespritzt

Hierfür unter die Grundglasur tröpfchenweise Wasser rühren, bis diese weich und zähflüssig ist. Sie darf die Form beim Aufspritzen nicht verlieren.

Ausfüllglasur: Mir ihr werden die Flächen zwischen den Konturen ausgefüllt

Zur Grundglasur tröpfchenweise so viel Wasser hinzufügen, bis die Konsistenz dicker Vanillesauce entspricht. Die Glasur soll gut verlaufen, aber nicht über die Konturenglasur hinauslaufen.

Und so wirds gemacht:

1 Die Konturenglasur in einen Spritzbeutel füllen (siehe Kasten rechts) und die Konturen auf das Plätzchen spritzen.

2 Die Flächen zwischen den Konturen mit der Ausfüllglasur füllen.

SELBST GEFALTETER SPRITZBEUTEL

Mit das wichtigste Werkzeug des Konditors, vor allem wenn man mit mehreren Glasuren gleichzeitig arbeitet. Und auch das lästige Säubern entfällt, denn nach Gebrauch wird die Tüte aus Pergamentpapier einfach weggeworfen.

1 Ein Stück Pergamentpapier (21 x 30 cm) zuschneiden und mit der Schere diagonal in zwei Dreiecke teilen. Aus jedem Dreieck entsteht eine Tüte.

2 Das Pergamentpapierdreieck in der Mitte der Längsseite auf Höhe der rechten Papierspitze mit einer Hand halten und das Papier an der oberen Spitze mit der anderen Hand nach rechts zur mittleren Spitze eindrehen.

3 Das Pergamentpapier weiter einrollen, dann das oben überstehende Papierende nach innen falten.

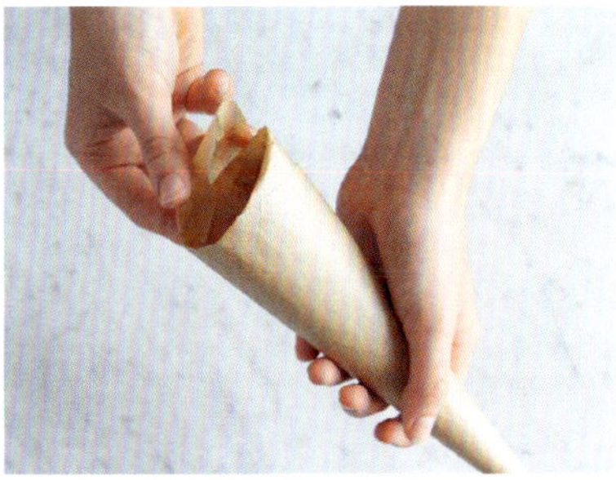

4 Die Tüte mit der Glasur füllen und die Öffnung entgegen des Falzes zudrehen.

5 Mit einer scharfen Schere die Spitze knapp abschneiden. Die Stärke der Kontur bestimmen Sie mit der Größe der Öffnung.

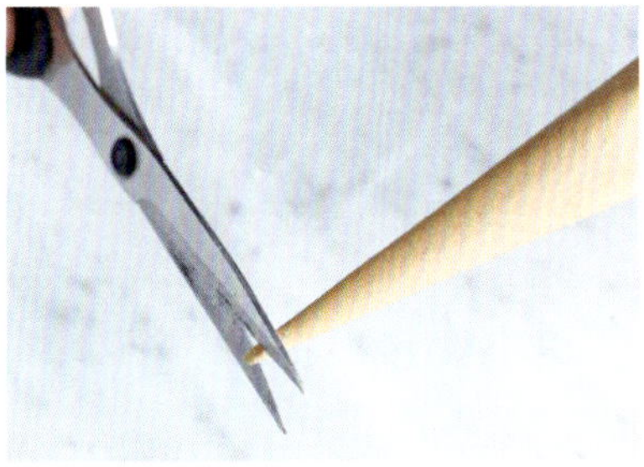

Übrigens ...

... Eiweißspritzglasur kann in jeder Konsistenz in verschiedenen Farben eingefärbt werden. Die Glasur immer mit Frischhaltefolie abdecken, da sie sehr schnell austrocknet.

SPRITZBEUTEL FÜLLEN

1 Je nach gewünschter Struktur einen Stern oder eine Lochtülle in den Spritzbeutel einsetzen. Knapp darüber mit einer Wäscheklammer schließen.

2 Den oberen Rand des Beutels umschlagen und um die linke Hand legen. Die Masse mithilfe eines Löffels oder einer Teigkarte in den Beutel füllen.

3 Den Rand zurückschlagen und den Beutel schließen. Die Masse nach vorne drücken und die Öffnung des Spritzbeutels zudrehen. Die Wäscheklammer wieder entfernen.

PLÄTZCHEN FILIEREN

Beim Filieren wird ein feines Gitternetz auf die Plätzchen gesponnen. Hier mit Zuckerguss in einer Spritztüte mit kleinem Loch.

Auch so gelingt das Filieren: Gabelzinken in temperierte Schokolade tauchen und das Netz aufträufeln.

Streifenmuster: Plätzchen tunken, einen Papierspritzbeutel mit andersfarbiger Schokolade füllen und waagerecht filieren. Mit einem Zahnstocher längs verziehen.

Sternmuster: Plätzchen tunken und mit andersfarbiger Kuvertüre Spiralen aufspritzen. Mit einem Zahnstocher von der Mitte nach außen Striche ziehen.

PLÄTZCHEN FÜLLEN

1 Um zwei Plätzchen zusammenzukleben, die Füllung nur in die Mitte setzen.

2 Mulden mithilfe des Spritzbeutels füllen, dazu eine kleine Spitze am Beutel abschneiden.

BAISER SPRITZEN

Die Masse sollte eine cremige Konsistenz haben. Diese in einen Spritzbeutel mit Tülle füllen. Die hintere Hand drückt und die vordere führt.

1 Für Baiserringe am Blech ansetzen, etwas nach oben gehen und im Kreis spritzen. Dabei leicht und gleichmäßig drücken.

2 Bei Stäbchen ebenfalls am Blech ansetzen, leicht nach oben gehen. 2 bis 3 cm in die Länge spritzen und nach hinten abziehen. Stets auf genügend Abstand zwischen den Baisers achten, da sie etwas laufen.

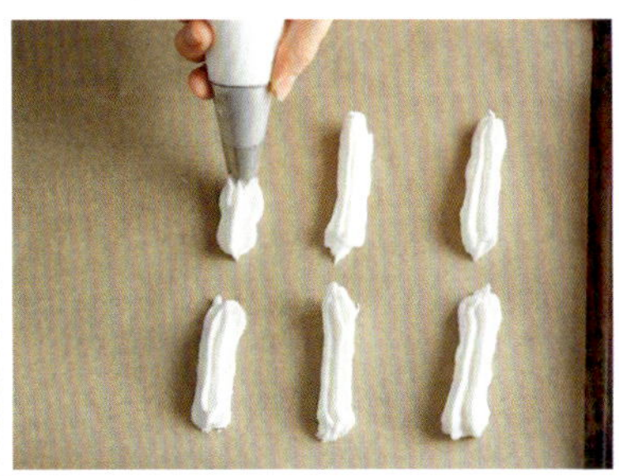

VERZIERUNGEN MIT MARZIPAN

1 Die Marzipanrohmasse mit ein paar Tropfen Lebensmittelfarbe verkneten. Dabei die Farbe nur tropfenweise hinzugeben, da das Marzipan sie sehr schnell annimmt.

2 Das eingefärbte Marzipan zwischen zwei Lagen Frischhaltefolie gleichmäßig und etwa 3 mm dick ausrollen. Alternativ auf die Frischhaltefolie verzichten und die Arbeitsfläche mit Puderzucker (kein Mehl!) bestäuben.

3 Mit einem Mini-Ausstechförmchen zum Beispiel kleine Sterne oder Herzen ausstechen. Damit das Förmchen nicht am Marzipan kleben bleibt, die Unterkante vorher

in hochprozentigen Alkohol (z.B. Kirschwasser) tauchen.

Übrigens ...

... zum Backen unbedingt hochwertiges Marzipan verwenden! Man erkennt es an seiner gelblichen Farbe und daran, dass es deutlich mehr Mandeln als Zucker enthält.

KARAMELL HERSTELLEN

1 Die im Rezept angegebene Menge Zucker (feine Körnung) mit 6 EL Wasser in einem hellen Topf bei schwacher Hitze schmelzen, bis er sich ganz aufgelöst hat.

2 Die Temperatur erhöhen und die Zuckermasse weiterkochen, bis sie eine helle, goldgelbe Farbe annimmt und leicht schäumt. Dann den Topf sofort vom Herd nehmen.

3 Falls im Rezept Butter und Sahne angegeben sind, diese unterrühren. Anschließend den flüssigen Karamell auf Teigplatten oder Plätzchen glatt verstreichen und trocknen lassen.

KLASSIKER & VARIANTEN

Plätzchen, wie sie schon unsere Großmütter gebacken haben und die wir bereits aus Kindertagen kennen. Ohne sie wäre Weihnachten nicht perfekt. Und gerade darum lohnt es sich, diese heiß geliebten Klassiker auch mal neu zu interpretieren.

HEIDESAND & NOUGAT-HEIDESAND

Zubereitungszeit: 1 Std. | Kühlzeit: ca. 2 Std. | Backzeit: 8–10 Min.

Zutaten für je ca. 50 Stück

Heidesand

Für den Teig:
300 g Mehl + Mehl für die Arbeitsfläche
75 g Puderzucker
200 g Butter
Salz
1 Msp. Vanillemark
1 Msp. abgeriebene Bio-Zitronenschale

Außerdem:
1 Eiweiß
100 g rosa Zucker (aus dem Online-Shop)
3 EL Himbeerkonfitüre

Nougat-Heidesand

Für den Teig:
siehe Zutaten oben

Außerdem:
100 g brauner Zucker
3 EL Nussnougat (im Wasserbad geschmolzen)

HEIDESAND

1 Für den Teig das Mehl und den Puderzucker in eine Schüssel sieben. Die Butter in Würfeln dazugeben. Mit 1 Prise Salz, dem Vanillemark und dem Zitronenabrieb mit den Händen zu einem glatten Teig verkneten.

2 Den Teig zu einem Rechteck formen. In Frischhaltefolie wickeln und etwa 1 Stunde kühl stellen.

3 Den Teig auf der bemehlten Arbeitsfläche weich kneten und in zwei Hälften teilen. Aus jeder Hälfte eine etwa 20 cm lange Stange rollen. In Frischhaltefolie wickeln und so lange kühl stellen, bis die Stangen fest sind.

4 Den Backofen auf 180 °C vorheizen. Das Eiweiß verquirlen und die festen Teigstangen dünn mit dem Eiweiß bestreichen. Anschließend im rosa Zucker wälzen.

5 Die Stangen in etwa ½ cm breite Scheiben schneiden und auf ein mit Backpapier belegtes Backblech legen. Mit dem Kochlöffelstiel jeweils in die Mitte eine Vertiefung drücken und diese mit der glatt gerührten Himbeerkonfitüre füllen.

6 Die Plätzchen im Ofen auf der mittleren Schiene 8 bis 10 Minuten goldbraun backen.

NOUGAT-HEIDESAND

Den Teig wie oben beschrieben herstellen und zu Stangen rollen. Die festen Stangen in braunem Zucker wälzen und in Scheiben schneiden. Jeweils mittig Vertiefungen hineindrücken und diese mit dem flüssigen Nougat füllen. Den Nougat-Heidesand wie oben beschrieben backen.

FRO
HE
WEIHN
ACHTEN

ZIMTSTERNE & MARZIPANSTERNE

Zubereitungszeit: 90 Min. | Kühlzeit: über Nacht | Backzeit: 8–10 Min.

Zutaten für je ca. 70 Stück

Zimtsterne

Für den Teig:
3 Eiweiß
240 g Zucker
90 g Marzipanrohmasse
240 g gemahlene Mandeln
½ TL Zimtpulver
25 g fein gehacktes Zitronat
1 Prise Salz
1 Msp. Vanillemark
1 Msp. abgeriebene Bio-Zitronenschale

Für die Baisermasse:
2 Eiweiß
150 g Zucker
60 g Puderzucker

Marzipansterne

Für den Teig:
Zutaten siehe oben, dazu:
2 TL Kakaopulver

Für die Baisermasse:
Zutaten siehe oben, dazu:
3 TL Kakaopulver

ZIMTSTERNE

1 Für den Teig am Vortag die Eiweiße und den Zucker in einer Rührschüssel zu einem cremigen Schnee schlagen. Marzipan reiben und mit Mandeln unter den Eischnee ziehen. Die übrigen Zutaten unterrühren. Die Schüssel mit Frischhaltefolie zudecken und den Teig über Nacht kühl stellen.

2 Am nächsten Tag für die Baisermasse die Eiweiße mit zwei Dritteln des Zuckers zu steifem Schnee schlagen. Den restlichen Zucker mit dem Puderzucker mischen und unter den Eischnee heben. Den Backofen auf 190 °C vorheizen.

3 Ein Drittel des Teigs zwischen Frischhaltefolie 1 cm dick ausrollen und dünn mit Baisermasse bestreichen. Sterne ausstechen und auf ein mit Backpapier belegtes Backblech setzen. Dabei den Ausstecher immer wieder in heißes Wasser tauchen und trocken tupfen.

4 Den übrigen ausgestochenen Teig mit frischem Teig vermischen (ist er zu weich, eventuell noch gemahlene Mandeln unterkneten), erneut ausrollen und weitere Sterne ausstechen. So lange wiederholen, bis der Teig aufgebraucht ist.

5 Die Zimtsterne im Ofen auf der untersten Schiene 8 bis 10 Minuten backen (die Oberfläche soll nicht bräunen).

MARZIPANSTERNE

Für den Teig alle Zuaten mit dem Kakaopulver zu einem Teig verrühren und zugedeckt über Nacht kühl stellen. Am nächsten Tag für die Baisermasse die Eiweiße mit zwei Dritteln des Zuckers zu steifem Schnee schlagen, den restlichen Zucker mit dem Puderzucker und dem Kakaopulver mischen und unter den Eischnee heben. Die Plätzchen wie oben beschrieben fertigstellen.

BÄRENTATZEN & CHILI-MANGO-TATZEN

Zubereitungszeit: 1 Std. | Backzeit: 8–10 Min.

Zutaten für je ca. 35 Stück

Bärentatzen

Für den Teig:
110 g weiche Butter
30 g Puderzucker
1 Msp. Vanillemark
1 Msp. abgeriebene Bio-Mandarinenschale
Salz
1 Eigelb
120 g Mehl
3 Zimtblüten (im Mörser zermahlen)

Außerdem:
5 EL Aprikosenkonfitüre
200 g dunkle Kuvertüre

Chili-Mango-Tatzen

Für den Teig:
3 EL Milch
30 g brauner Zucker
110 g weiche Butter
Salz
1 Msp. Vanillemark
1 Eigelb
100 g Mehl
20 g Kakaopulver
1–2 Msp. Chiliflocken

Außerdem:
5 EL Mangokonfitüre
200 g Vollmilch-kuvertüre

BÄRENTATZEN

1 Für den Teig die Butter mit Puderzucker, Vanillemark, Mandarinenabrieb und 1 Prise Salz schaumig schlagen. Das Eigelb unterrühren. Das Mehl über die Buttermasse sieben. Alle Zutaten mit den Zimtblüten und 2 EL Wasser zu einem glatten Teig verrühren. Den Backofen auf 180 °C vorheizen.

2 Den Teig in einen Spritzbeutel mit mittlerer Sterntülle füllen und auf ein mit Backpapier belegtes Backblech gleich große Tatzen spritzen. Im Ofen auf der mittleren Schiene 8 bis 10 Minuten backen. Herausnehmen und auskühlen lassen.

3 Immer zwei Plätzchen auf der Unterseite mit Konfitüre bestreichen und zusammensetzen. Etwas fest werden lassen. Die Spitzen der Bärentatzen in die geschmolzene, temperierte Kuvertüre tauchen (siehe S. 13). Trocknen lassen.

CHILI-MANGO-TATZEN

1 Für den Teig die Milch erwärmen und den braunen Zucker unter Rühren darin auflösen.

2 Die Butter mit 1 Prise Salz und dem Vanillemark leicht schaumig rühren. Die Zuckerlösung und das Eigelb dazugeben und alle Zutaten kurz durchrühren.

3 Das Mehl mit dem Kakaopulver in eine Schüssel sieben. Mit den Chiliflocken mischen und die Mehlmischung unter die Buttermasse heben. Den Backofen auf 180 °C vorheizen.

4 Den Teig wie oben beschrieben auf ein Backblech spritzen und die Plätzchen backen. Nach dem Auskühlen je zwei Plätzchen mit Mangokonfitüre zusammensetzen und in die geschmolzene, temperierte Kuvertüre tauchen (siehe S. 13).

BETHMÄNNCHEN & DATTEL-ANIS-MÄNNCHEN

Zubereitungszeit: 45 Min. | Backzeit: 8–10 Min.

BETHMÄNNCHEN

1 Den Backofen auf 180 °C vorheizen. Für den Teig das Marzipan mit den übrigen Zutaten rasch zu einem glatten Teig verkneten. Den Teig in zwei Hälften teilen und daraus jeweils eine etwa 30 cm lange Stange rollen. Jede Stange in 2 cm große Stücke schneiden.

2 Die Teigstücke zwischen den Händen zu Kugeln formen und auf ein mit Backpapier belegtes Backblech legen. Jeweils drei Mandelhälften so an eine Kugel drücken, dass die Mandelspitzen nach oben zeigen.

3 Die Bethmännchen im Ofen auf der mittleren Schiene 8 bis 10 Minuten backen.

DATTEL-ANIS-MÄNNCHEN

1 Die Datteln sehr fein hacken. Mit den Anissamen und den übrigen Zutaten für den Teig rasch zu einem glatten Teig verkneten. Den Teig wie oben beschrieben zu Stangen rollen (je etwa 34 cm lang). Jede Stange in 2 cm große Stücke schneiden und zu Kugeln formen.

2 Die Nusshälften und die kandierten Fliederblütenblätter an die Dattel-Anis-Kugeln drücken. Im auf 180 °C vorgeheizten Ofen auf der mittleren Schiene 8 bis 10 Minuten backen.

Zutaten für 30 bzw. 34 Stück

Bethmännchen

Für den Teig:
200 g Marzipanrohmasse
1 EL Agavensirup
1 TL Pfeilwurzelmehl (siehe S. 9)
1 TL Rosenwasser
2 Tropfen Bittermandelöl
70 g Mandelpuder
1 Prise Salz
1 Msp. abgeriebene Bio-Orangenschale
1 Msp. Vanillemark

Außerdem:
ca. 150 g weiße Mandelhälften

Dattel-Anis-Männchen

Für den Teig:
Zutaten siehe oben, dazu:
3 Soft-Datteln
½ TL Anissamen

Außerdem:
150 g Nusshälften (z. B. Haselnüsse, Walnüsse, Cashewkerne, Pistazien)
30 kandierte Fliederblütenblätter

POWIDL-TRÄNEN & KIRSCH-LEBKUCHENSTANGEN

Zubereitungszeit: 2 Std. | Backzeit: 8–10 Min. | Trockenzeit: über Nacht

Zutaten für ca. 50 bzw. 40 Stück

Powidl-Tränen

Für den Honigkuchenteig:
110 g Honig • 40 g Zucker
35 g Butter • 1 Eigelb
1 Msp. abgeriebene Bio-Zitronenschale • 1 TL Kakaopulver
½ TL Lebkuchengewürz
170 g Mehl + Mehl für die Arbeitsfläche • ½ TL Backpulver
2–3 EL Milch

Für die Marzipanfüllung:
200 g Marzipanrohmasse
50 g weiche Butter
4–5 EL Zwetschgenwasser (40%) • ½ TL Zimtpulver
1 Msp. Vanillemark

Außerdem:
200 g Zwetschgenkonfitüre
400 g Vollmilchkuvertüre
50 g dunkle Kuvertüre
Goldperlen
kandierte Minzeblätter

Kirsch-Lebkuchenstangen

Für Teig und Marzipanfüllung:
Zutaten siehe oben, statt Zwetschgen- Kirschwasser

Außerdem:
200 g Kirschkonfitüre
400 g dunkle Kuvertüre
50 g Vollmilchkuvertüre
Deko siehe oben

POWIDL-TRÄNEN

1 Für den Teig Honig, Zucker und Butter in einem Topf unter langsamem Rühren erwärmen, bis sich der Zucker aufgelöst hat. Etwas abkühlen lassen. Mit Eigelb, Zitronenabrieb, Kakaopulver und Lebkuchengewürz verrühren.

2 Mehl und Backpulver mischen, über die Honigmasse sieben. Alle Zutaten zu einem glatten Teig verkneten. In Frischhaltefolie wickeln und über Nacht kühl stellen.

3 Den Backofen auf 190 °C vorheizen. Ein Backblech mit Backpapier belegen. Den Teig 2 bis 3 mm dick ausrollen und mit einem ovalen Ausstecher (5 x 3 cm) Tränenformen ausstechen. Auf das Backblech legen und dünn mit Milch bestreichen. Im Ofen auf der mittleren Schiene 8 bis 10 Minuten backen. Auskühlen lassen.

4 Für die Füllung alle Zutaten verkneten. Die Masse in einen Spritzbeutel mit mittlerer Lochtülle geben und am Rand der Plätzchen entlang aufspritzen. Die Mitte mit glatt gerührter Zwetschgenkonfitüre füllen. Über Nacht trocknen lassen.

5 Die Plätzchen am nächsten Tag mit geschmolzener, temperierter Vollmilchkuvertüre überziehen und mit dunkler Kuvertüre filieren (siehe S. 16). Goldperlen und kandierte Minzeblätter in die feuchte Schokolade setzen.

KIRSCH-LEBKUCHENSTANGEN

Den Teig wie im Rezept oben beschrieben zubereiten. Dann 2 bis 3 mm dick ausrollen, in 2,5 x 7 cm große Stangen schneiden und backen. Die Marzipanmasse am Rand entlang aufspritzen und die Mitte jeweils mit passierter Konfitüre füllen. Über Nacht trocknen lassen. Am nächsten Tag mit temperierter dunkler Kuvertüre überziehen und mit Vollmilchkuvertüre filieren (siehe S. 16). Mit Goldperlen und Minze dekorieren.

KOKOSHAUBEN & MOHNHAUBEN

Zubereitungszeit: 90 Min. | *Kühlzeit: mind. 1 Std. (besser über Nacht)* | *Backzeit: ca. 25 Min.*

Zutaten für je ca. 40 Stück

Kokoshauben

Für den Mürbeteig:
150 g Mehl + Mehl für die Arbeitsfläche
100 g weiche Butter
50 g Puderzucker
1 Prise Salz
1 Msp. abgeriebene Bio-Zitronenschale
1 Msp. Vanillemark
1 Eigelb

Für die Füllung:
½ TL Honig
100 g Kokosraspel
2 Eiweiß
80 g Zucker • Salz
20 g gemahlene Mandeln
1 Msp. Vanillemark
etwas abgeriebene Bio-Orangenschale

Für die Schokocreme:
100 g weiche Butter
2 EL Kakaopulver (oder flüssige dunkle Kuvertüre)
1 EL Orangenlikör (z. B. Grand Marnier)
50 g Puderzucker
Salz
1 Msp. Vanillemark

Außerdem:
40 Oblaten (3,5–4 cm ø)
250 g dunkle Kuvertüre

KOKOSHAUBEN

1 Für den Mürbeteig Mehl auf die Arbeitsfläche sieben und mit den übrigen Zutaten rasch zu einem glatten Teig verkneten. Teig zu einem Rechteck formen, in Frischhaltefolie wickeln und mindestens 1 Stunde (besser über Nacht) kühl stellen.

2 Backofen auf 170 °C vorheizen. Teig auf bemehlter Arbeitsfläche etwa 3 mm dick ausrollen und mit einem runden Ausstecher (3,5 cm ø) etwa 40 Kreise ausstechen. Mit etwas Abstand auf ein mit Backpapier belegtes Blech legen und im Ofen auf der mittleren Schiene 8 bis 10 Minuten backen.

3 Für die Füllung den Honig in einem Topf erhitzen und die Kokosraspel darin goldbraun anrösten. Vom Herd nehmen und auskühlen lassen. Eiweiße, Zucker und 1 Prise Salz sehr steif schlagen. Kokosraspel, Mandeln, Vanillemark und Orangenabrieb unterheben. Kurz ziehen lassen.

4 Die Masse mithilfe eines Spitzbeutels (oder Teelöffels) in walnussgroßen Häufchen auf die Oblaten setzen. Bei 130 °C im vorgeheizten Ofen 15 bis 18 Minuten backen. Auskühlen lassen.

5 Für die Creme alle Zutaten schaumig rühren. Portionsweise in einen Spritzbeutel mit mittlerer Lochtülle füllen und auf die abgekühlten Mürbeteigplätzchen spritzen. Die Kokoshauben aufsetzen. Kurz fest werden lassen und die untere Hälfte in die geschmolzene, temperierte Kuvertüre (siehe S. 13) tauchen. Nach Belieben mit Kokoschips verzieren.

MOHNHAUBEN

Ersetzen Sie bei der Füllung die Mandeln durch die gleiche Menge gemahlenen Mohn und den Orangenabrieb durch Zitronenabrieb. Für die Creme statt Kakaopulver 2 EL Instant-Kaffeepulver und statt Orangenlikör Rum nehmen. Die Zubereitung bleibt gleich. Nach Belieben mit Kaffeebohnen verzieren.

SPITZBUBEN DREIMAL ANDERS

Zubereitungszeit: 20 Min. | Kühlzeit: mind. 1 Std. (besser über Nacht) | Backzeit: 8–10 Min.

Zutaten für je ca. 40 Stück

... klassisch

Für den Mürbeteig:
300 g Mehl + Mehl für die Arbeitsfläche
200 g weiche Butter
80 g Puderzucker
1 Msp. abgeriebene Bio-Zitronenschale
1 Msp. Vanillemark
1 Prise Salz
1 Eigelb

Außerdem:
ca. 100 g Puderzucker
100 g Himbeerkonfitüre

... mit Schokolade

Für den Mürbeteig:
300 g Mehl + Mehl für die Arbeitsfläche
200 g weiche Butter
80 g Puderzucker
2–3 EL Kakaopulver
1 Msp. Vanillemark
1 Prise Salz • 1 Eigelb

Außerdem:
150 g dunkle Kuvertüre
100 g Sauerkirschkonfitüre

... mit Thymian

Für den Mürbeteig:
Zutaten wie beim klassischen Teig, dazu:
2 EL getrockneter Thymian

Für den Thymianzucker:
100 g Zucker
1 EL getrockneter Thymian
1 Msp. grüne Pulverfarbe

Außerdem:
100 g Aprikosenkonfitüre

... KLASSISCH

1 Für den Mürbeteig alle Zutaten verkneten. In Frischhaltefolie gewickelt mindestens 1 Stunde (besser über Nacht) kühl stellen.

2 Backofen auf 180 °C vorheizen. Teig auf der bemehlten Arbeitsfläche 3 mm dick ausrollen und Kreise mit Wellenrand (3,5 cm ø) ausstechen. Bei der Hälfte der Kreise jeweils in der Mitte mit einem kleinen Herzausstecher ein Herz ausstechen. Auf ein mit Backpapier belegtes Blech legen und im Ofen 8 bis 10 Minuten goldgelb backen.

3 Die Plätzchen mit dem Herz sofort mit Puderzucker bestäuben. Die restlichen Kreise auskühlen lassen und mit einem Spritzbeutel einen Klecks glatt gerührte Konfitüre aufspritzen.

4 Plätzchen mit Herz erneut mit Puderzucker bestäuben, mittig auf die Plätzchen mit Konfitüre setzen (Foto siehe Cover).

... MIT SCHOKOLADE

Den Teig wie links beschrieben herstellen und backen. Die Kreise mit Loch mit temperierter Kuvertüre überziehen (siehe S. 13). Auf Backpapier fest werden lassen. Auf die andere Hälfte je einen Klecks Konfitüre aufspritzen, dann Plätzchen zusammensetzen.

... MIT THYMIAN

Den Teig wie links beschrieben herstellen und Herzen ausstechen. Aus der Hälfte der Herzen kleine Kreise ausstechen. Die Herzen backen. Die Zutaten für den Thymianzucker im Mixer mischen, die Plätzchen mit dem Loch sofort damit bestreuen. Weiter wie im Klassiker-Rezept Schritt 3 und 4 (Foto siehe Cover).

VANILLEKIPFERL & MACADAMIAKIPFERL

Zubereitungszeit: 1 Std. | Kühlzeit: über Nacht | Backzeit: 10–12 Min.

VANILLEKIPFERL

1 Am Vortag für den Teig Mandeln, Mehl, Puderzucker, 1 Prise Salz, Butter, Eigelb und Vanillemark rasch zu einem glatten Teig verkneten. In vier Portionen teilen und auf der bemehlten Arbeitsfläche zu Rollen (je 2 bis 3 cm ø) formen. In Frischhaltefolie wickeln und über Nacht kühl stellen.

2 Am nächsten Tag den Backofen auf 190 °C vorheizen und ein Backblech mit Backpapier auslegen. Von den Teigrollen etwa 1 cm breite Scheiben abschneiden und diese auf der bemehlten Arbeitsfläche zu an den Enden spitz zulaufenden Hörnchen (Kipferln) formen.

3 Die Kipferl auf das Blech legen und auf der mittleren Schiene im Ofen 10 bis 12 Minuten backen. Herausnehmen und leicht abkühlen lassen. Den Zucker mit dem Vanillemark in einem tiefen Teller vermischen und die noch warmen Kipferl vorsichtig darin wenden.

MACADAMIAKIPFERL

Die Zutaten wie oben beschrieben zu einem Teig kneten und verarbeiten. Den Zucker mit dem Himbeerpulver vermischen und die gebackenen, noch warmen Kipferl darin wenden.

Lust auf Abwechslung?

Dann aromatisieren Sie die klassische Variante statt mit Vanillemark mit abgeriebener Bio-Orangenschale, gemahlenen Kaffeebohnen oder etwas Zimtpulver. Viel Spaß beim Ausprobieren!

Zutaten für je ca. 50 Stück

Vanillekipferl

Für den Teig:
110 g gemahlene Mandeln
280 g Mehl + Mehl für die Arbeitsfläche
90 g Puderzucker
Salz
200 g weiche Butter
1 Eigelb
Mark von 1 Vanilleschote

Außerdem:
200 g Zucker
Mark von 1 Vanilleschote

Macadamiakipferl

Für den Teig:
110 g gemahlene, gesalzene Macadamianüsse
280 g Mehl
90 g Puderzucker • 1 Prise Salz
200 g weiche Butter
1 Eigelb
Mark von 1 Vanilleschote

Außerdem:
200 g Zucker
3 EL Himbeerpulver (siehe Tipp S. 34)

LINZER PLÄTZCHEN & LINZER TÖRTCHEN

Zubereitungszeit: 20 Min. | Kühlzeit: mind. 1 Std. (besser über Nacht) | Backzeit: 9–12 Min. bzw. 12–15 Min.

Zutaten für je ca. 70 Stück

Linzer Plätzchen

Für den Mürbeteig:
125 g Mehl + Mehl für die Arbeitsfläche
125 g weiche Butter
100 g Puderzucker
125 g gemahlene Haselnüsse
1 Eigelb • 1 TL Zimtpulver
1 EL Rum • 1 Prise Salz
1 Msp. Vanillemark • 1 Msp. abgeriebene Bio-Orangenschale

Außerdem:
150 g Johannisbeerkonfitüre
150 g Zucker
Puderzucker zum Bestäuben

Linzer Törtchen

Für den Mürbeteig:
Zutaten siehe oben

Für die Marzipanfüllung:
220 g Marzipanrohmasse
50 g Puderzucker
1 Eiweiß • 1 Msp. Vanillemark
etwas abgeriebene Bio-Zitronenschale

Für die Zitronenglasur:
100 g Puderzucker
2–3 EL Zitronensaft

Außerdem:
Fett und Mehl für die Form
100 g Johannisbeerkonfitüre

LINZER PLÄTZCHEN

1 Für den Mürbeteig das Mehl auf die Arbeitsfläche sieben. Mit den übrigen Zutaten rasch zu einem glatten Teig verkneten. Zu einem Rechteck formen, in Frischhaltefolie wickeln und mindestens 1 Stunde (besser über Nacht) kühl stellen.

2 Den Backofen auf 170 °C vorheizen. Ein Backblech mit Backpapier belegen. Den Teig auf der bemehlten Arbeitsfläche 3 mm dick ausrollen und mit einem runden Ausstechförmchen mit Wellenrand (3,5 cm ø) Kreise ausstechen. Auf das Blech legen und im Ofen auf der mittleren Schiene 8 bis 10 Minuten goldbraun backen.

3 Die Plätzchen auskühlen lassen und jeweils 2 Plätzchen mit etwas glatt gerührten Konfitüre zusammensetzen. Fest werden lassen und bei 100 °C 1 bis 2 Minuten erwärmen. Noch warm mit der Oberseite in den Zucker tauchen. Die Plätzchen abkühlen lassen, leicht mit Puderzucker bestäuben.

LINZER TÖRTCHEN

1 Den Teig wie oben beschrieben zubereiten und kühl stellen. Den Backofen auf 170 °C vorheizen. Eine Mini-Muffinform (24 Stück) einfetten und mit Mehl ausstäuben. Die Marzipanmasse mit den übrigen Zutaten für die Füllung verkneten.

2 Den Teig 3 bis 4 mm dick ausrollen, Kreise in der Größe der Mulden ausstechen und in die Muffinform legen. Mit einem Spritzbeutel mit mittlerer Sterntülle je einen Marzipanring auf den Teig spritzen. Die Mitte mit Marmelade füllen. Auf mittlerer Schiene 12 bis 15 Minuten backen.

3 Törtchen leicht auskühlen lassen und aus der Form stürzen. Restlichen Teig auf diese Weise verarbeiten. Puderzucker mit Zitronensaft glatt rühren, die Törtchen damit bestreichen.

MARZIPANKARTOFFELN DREIMAL ANDERS

Zubereitungszeit: 30 Min. | Kühlzeit: über Nacht

Zutaten für je ca. 30 Stück

… klassisch

Für die Kugeln:
300 g Marzipanrohmasse
120 g Puderzucker
1 EL Rum

Außerdem:
1 EL Kakaopulver
½ TL Zimtpulver
2 EL Puderzucker
Puderzucker für die Arbeitsfläche

… nussig-schokoladig

Für die Kugeln:
Zutaten siehe links

Für die Füllung:
30 geschälte Mandeln (alternativ Haselnüsse oder Schokoladentropfen)

Außerdem:
1 EL Kakaopulver
2 EL Puderzucker

… fruchtig

Für die Kugeln:
Zutaten siehe links

Für die Füllung:
30 Stücke kandierter Ingwer (alternativ Soft-Cranberrys oder Rosinen)

Außerdem:
3 EL Himbeerpulver (siehe Tipp)
2 EL Puderzucker (oder Zucker)

… KLASSISCH

1 Am Vortag für die Kugeln das Marzipan mit dem Puderzucker und dem Rum gut verkneten. Dann mit etwas Puderzucker zu einer daumendicken Stange rollen und diese in 2 cm dicke Stücke schneiden. Die Stücke mit den Händen zu Kugeln rollen. Über Nacht trocknen lassen.

2 Am nächsten Tag das Kakaopulver und den Zimt mit dem Puderzucker mischen und auf ein sauberes Küchentuch sieben. Die Marzipankartoffeln darin einschlagen und vorsichtig rollen, bis sie rundum mit dem Kakao-Zucker-Mix überzogen sind.

… NUSSIG-SCHOKOLADIG

1 Am Vortag die Kugeln wie links beschrieben herstellen. Für die Füllung in jede Kugel mit dem Finger eine Mulde drücken und eine Mandel hineinlegen. Das Loch schließen und die Kugel erneut in Form rollen. Über Nacht trocknen lassen.

2 Am nächsten Tag das Kakaopulver und den Puderzucker mischen und die Kugeln darin in einem sauberen Küchentuch rollen (siehe links).

… FRUCHTIG

Die Kugeln wie links beschrieben herstellen und mit Ingwer füllen, wie in der nussig-schokoladigen Variante beschrieben. Nach dem Trocknen das Himbeerpulver und den Puderzucker mischen und die Kugeln darin in einem sauberen Küchentuch rollen.

Rosa (Back)Träume

Himbeerpulver können Sie über das Internet bestellen. Wer Zeit und Lust hat, macht es selbst. So geht's: 2 EL Puderzucker mit 2 bis 3 EL gefriergetrockneten Himbeeren im Mixer fein mahlen.

SCHWARZ-WEISS-GEBÄCK & VANILLE-HIMBEER-HERZEN

Zubereitungszeit: 1 Std. | Kühlzeit: mind. 1 Std. (besser über Nacht) + 2,5 Std. | Backzeit: 8–10 Min.

Zutaten für je ca. 40 Stück

Schwarz-Weiß-Gebäck

Für den Mürbeteig:
150 g Mehl + Mehl für die Arbeitsfläche
100 g weiche Butter
50 g Puderzucker • 1 Prise Salz
1 Msp. abgeriebene Bio-Zitronenschale
1 Msp. Vanillemark
1 Eigelb

Außerdem:
1 TL Kakaopulver

Vanille-Himbeer-Herzen

Für den Mürbeteig:
Zutaten siehe oben

Außerdem:
1 TL Himbeerpulver (siehe Tipp S. 34)
1 Msp. rote Lebensmittelfarbe

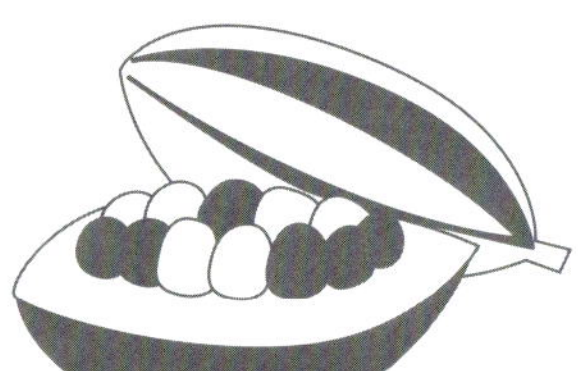

SCHWARZ-WEISS-GEBÄCK

1 Für den Mürbeteig alle Zutaten rasch verkneten. Zu einem Rechteck formen, in Frischhaltefolie wickeln und mindestens 1 Stunde (besser über Nacht) kühl stellen.

2 Den Teig in zwei gleich große Portionen teilen. Eine Hälfte mit Kakaopulver verkneten und beide Teigportionen erneut 30 Minuten kühl stellen.

3 Beide Teige separat auf der leicht bemehlten Arbeitsfläche 1 cm dick ausrollen und jeweils in 4 x 15 cm breite Streifen schneiden. Einen dunklen Streifen und einen hellen Streifen jeweils leicht mit kaltem Wasser bestreichen und aufeinanderlegen. Erneut einen dunklen Streifen auflegen und alles vorsichtig aber gut andrücken. Umgekehrt (weiß, dunkel, weiß) wiederholen. 1 Stunde kühlen. Den übrigen Teig 2 bis 3 mm dick auf etwa 14 x 15 cm ausrollen. Die Stangen von allen Seiten leicht mit kaltem Wasser bestreichen und im Teig einschlagen. Gut andrücken, um Luftblasen zu entfernen. 1 Stunde kühlen.

4 Backofen auf 170 °C vorheizen. Teigstangen in ½ cm dicke Scheiben schneiden und mit 2 cm Abstand auf ein mit Backpapier belegtes Blech legen. Im Ofen 8 bis 10 Minuten backen.

VANILLE-HIMBEER-HERZEN

Teig zubereiten und kühl stellen. In zwei gleich große Portionen teilen. Eine Hälfte mit Himbeerpulver und Lebensmittelfarbe verkneten und zu einer Stange rollen, die unten spitz zuläuft. Gegenüber mit einem Schaschlikspieß einkerben, sodass später beim Abschneiden eine Herzform entsteht. Erneut mindestens 30 Minuten kühl stellen. Den hellen Teig ausrollen, die Herzstange leicht mit kaltem Wasser bestreichen und mit dem hellen Teig umhüllen. Erneut kühl stellen. Die Herzstange in ½ cm dicke Scheiben schneiden und diese wie oben backen.

SPEKULATIUS DREIMAL ANDERS

Zubereitungszeit: 75 Min. | Kühlzeit: mind. 1 Std. (besser über Nacht) | Backzeit: 10–12 Min.

Zutaten für je 40–50 Stück

... klassisch

Für den Teig:
170 g weiche Butter
200 g Puderzucker • 50 g Sahne
2 Eigelb • 1 Prise Salz
abgeriebene Schale von ½ Bio-Zitrone
1 TL Spekulatiusgewürz
375 g Mehl + Mehl für die Arbeitsfläche
1 Msp. Hirschhornsalz

Außerdem:
etwas Speisestärke • 4 EL Milch

... mit Schokolade

Für den Teig:
Zutaten siehe links, dazu:
3 EL Schokoraspel

Außerdem:
etwas Speisestärke • 4 EL Milch
200 g dunkle Kuvertüre

... mit Kaffee und Mandeln

Für den Teig:
Zutaten wie beim klassischen Teig, dazu:
2 EL gebrochene Kaffeebohnen

Außerdem:
etwas Speisestärke
4 EL Milch
50 g Mandelblättchen

... KLASSISCH

1 Für den Teig alle Zutaten außer Mehl und Hirschhornsalz mit dem Handrührgerät zu einer glatten Masse verkneten. Das Mehl mit dem Hirschhornsalz sieben und unterkneten.

2 Den Teig zu einem Rechteck formen, in Frischhaltefolie wickeln und mindestens 1 Stunde (besser über Nacht) kühl stellen.

3 Den Backofen auf 170 °C vorheizen. Ein Backblech mit Backpapier belegen. Den Teig auf der bemehlten Arbeitsfläche etwa 4 mm dick ausrollen, leicht mit Speisestärke bestäuben und die Model in den Teig drücken.

4 Die gewünschte Form mit einem Messer oder gewellten Teigrad ausschneiden und auf das Backblech legen. Dünn mit Milch bestreichen.

5 Die Spekulatius im Ofen auf der mittleren Schiene 10 bis 12 Minuten backen.

... MIT SCHOKOLADE

Den Teig wie links beschrieben zubereiten, dabei zuletzt die Schokoraspel unter den Teig kneten. Weiter wie in den Schritten 2 bis 5 angegeben verfahren. Die Plätzchenunterseiten nach dem Auskühlen in temperierte Kuvertüre tauchen (siehe S. 13).

... MIT KAFFEE UND MANDELN

Den Teig wie links beschrieben herstellen, dabei zuletzt die Kaffeebohnen unterkneten. Die Spekulatius mithilfe der Modeln ausschneiden. Die Mandelblättchen auf das mit Backpapier belegte Backblech streuen, die Spekulatius darauflegen und 10 bis 12 Minuten backen.

Model oder kein Model

Wer keine Modeln hat, nimmt runde Ausstechförmchen und drückt die Muster einfach mit einem Keksstempel in die Plätzchen.

SPRITZGEBÄCK & NOUGAT-SPRITZGEBÄCK

Zubereitungszeit: 30 Min. | Backzeit: 8–10 Min.

Zutaten für je ca. 100 Stück

Spritzgebäck

Für den Teig:
100 g Marzipanrohmasse
100 g weiche Butter
2 EL Puderzucker
1 Ei • Salz
2 EL Mandelmus (aus dem Bioladen)
1 Msp. Vanillemark
1 Msp. abgeriebene Bio-Zitronenschale
140 g Mehl

Außerdem:
150 g dunkle Kuvertüre

Nougat-Spritzgebäck

Für den Teig:
100 g Marzipanrohmasse
100 g weiche Butter
2 EL Puderzucker
1 Ei
2 EL flüssiges Nussnougat
1 Prise Salz
1 Msp. Vanillemark
2 EL Rum
140 g Mehl

Außerdem:
100 g dunkle Kuvertüre

SPRITZGEBÄCK

1 Für den Teig das Marzipan grob reiben und mit der Butter kurz von Hand in einer Schüssel vermischen. Den Puderzucker hinzugeben und alles leicht schaumig rühren. Ei, 1 Prise Salz, Mandelmus, Vanillemark und den Zitronenabrieb hinzufügen, das Mehl darübersieben und alle Zutaten mit den Knethaken des Handrührgeräts verrühren.

2 Den Backofen auf 180 °C vorheizen. Ein Backblech mit Backpapier belegen. Den Teig in einen Spritzbeutel mit Sterntülle füllen und Hörnchen auf das Backblech spritzen. Im Ofen auf der mittleren Schiene 8 bis 10 Minuten backen. Herausnehmen und auskühlen lassen.

3 Die Kuvertüre grob hacken, schmelzen und temperieren (siehe S. 13). Die Enden des Spritzgebäcks hineintauchen und trocknen lassen.

NOUGAT-SPRITZGEBÄCK

1 Die Zutaten wie oben beschrieben zu einem Teig verarbeiten, dabei den Rum zusammen mit dem Mehl unterrühren.

2 Den Backofen auf 180 °C vorheizen. Ein Backblech mit Backpapier belegen. Den Teig in einen Spritzbeutel mit Sterntülle füllen und Stäbchen auf das Backblech spritzen. Im Ofen auf der mittleren Schiene 8 bis 10 Minuten backen.

3 Die Plätzchen nach dem Auskühlen mit der temperierten Kuvertüre filieren (siehe S. 16).

Zitronenstäbchen & Haselnuss-Stäbchen

Zubereitungszeit: 45 Min. | Backzeit: 8–10 Min.

Zutaten für je ca. 50 Stück

Zitronenstäbchen

Für den Teig:
100 g Butter
100 g Puderzucker
1 Ei • 1 Eigelb
Salz • 1 Msp. Vanillemark
je etwas abgeriebene Bio-Zitronen- und Bio-Limettenschale
160 g Mehl • ¼ TL Backpulver

Außerdem:
3–4 EL Lemon Curd (Fertigprodukt)
200 g dunkle Kuvertüre

Haselnuss-Stäbchen

Für den Teig:
100 g Butter
100 g Puderzucker
1 Ei • 1 Eigelb
Salz • 100 g Mehl
¼ TL Backpulver
60 g gemahlene Haselnüsse
1 Msp. Vanillemark
¼ TL Zimtpulver
2 EL Weinbrand
(z.B. Cointreau)

Außerdem:
3–4 EL Nussnougatcreme
200 g Vollmilchkuvertüre

Zitronenstäbchen

1 Für den Teig Butter und Puderzucker schaumig rühren – aber nur leicht, da die Plätzchen sonst beim Backen zu sehr verlaufen. Das Ei und das Eigelb mit 1 Prise Salz und den Gewürzen nach und nach dazugeben. Das Mehl und das Backpulver darübersieben und unterrühren.

2 Den Backofen auf 180 °C vorheizen. Ein Backblech mit Backpapier belegen. Den Teig in einen Spritzbeutel mit mittlerer Lochtülle füllen und 3 cm lange Stäbchen auf das Backblech spritzen. Im Ofen auf der mittleren Schiene 8 bis 10 Minuten goldbraun backen. Herausnehmen und leicht abkühlen lassen.

3 Je zwei Zitronenstäbchen mit etwas Lemon Curd zusammensetzen und fest werden lassen. Die Kuvertüre grob hacken, schmelzen und temperieren (siehe S. 13). Die beiden Enden der Stäbchen hineintauchen. Nach Belieben mit Zitronen- und Limettenzesten dekorieren und trocknen lassen.

Haselnuss-Stäbchen

1 Die Butter und den Puderzucker leicht (!) schaumig rühren (siehe oben). Das Ei und das Eigelb mit 1 Prise Salz nach und nach dazugeben. Mehl und Backpulver sieben, mit den Nüssen, dem Vanillemark und dem Zimt vermischen und unterrühren. Zum Schluss den Weinbrand dazugeben. Den Teig wie oben in Schritt 2 beschrieben weiterverarbeiten.

2 Immer zwei Stäbchen mit etwas Nougatcreme zusammensetzen. Fest werden lassen und schräg etwa zur Hälfte in die geschmolzene, temperierte Kuvertüre tauchen. Die Haselnuss-Stäbchen trocknen lassen.

KOKOSBUSSERL & KOKOS-PHYSALIS-NOCKERL

Zubereitungszeit: 45 Min. | Backzeit: 10–12 Min.

KOKOSBUSSERL

1 Für die Kokosmasse die Eiweiße und den Zucker in einem kleinen Topf bei schwacher Hitze auf dem Herd verrühren, bis die Masse lauwarm ist.

2 Die Kokosraspel mit dem Pfeilwurzelmehl mischen und mit den Gewürzen unter die Eiweiß-Zucker-Masse rühren. So lange weiterrühren und rösten, bis sich die Masse vom Topfboden löst. Den Topf vom Herd nehmen, Mascarpone unterrühren und etwas auskühlen lassen.

3 Den Backofen auf 190 °C vorheizen. Ein Backblech mit Backpapier belegen und die Oblaten darauf verteilen. Die Masse in einen Spritzbeutel mit Lochtülle füllen und etwa walnussgroße Tupfen auf die Oblaten spritzen.

4 Die Kokosbusserl im Ofen auf der mittleren Schiene 10 bis 12 Minuten backen.

KOKOS-PHYSALIS-NOCKERL

1 Die Kokosmasse wie oben beschrieben herstellen, dabei zuletzt die getrockneten Physalis unterziehen.

2 Den Backofen vorheizen. Ein Backblech mit Backpapier belegen und die Oblaten darauf verteilen. Mit zwei Teelöffeln von der Masse Nockerl abstechen und auf die Oblaten setzen. Kokos-Physalis-Nockerl im Ofen auf der mittleren Schiene 10 bis 12 Minuten backen.

Zutaten für je ca. 40 Stück

Kokosbusserl

Für die Kokosmasse:
3 Eiweiß
150 g Zucker
3 EL Pfeilwurzelmehl (siehe S. 9)
140 g Kokosraspel
1 Msp. Vanillemark
1 Prise Salz
1 Msp. abgeriebene Bio-Zitronenschale
3 EL Mascarpone

Außerdem:
ca. 40 Oblaten (3 cm ø)

Kokos-Physalis-Nockerl

Zutaten siehe oben, dazu:
30 g klein gehackte, getrocknete Physalis

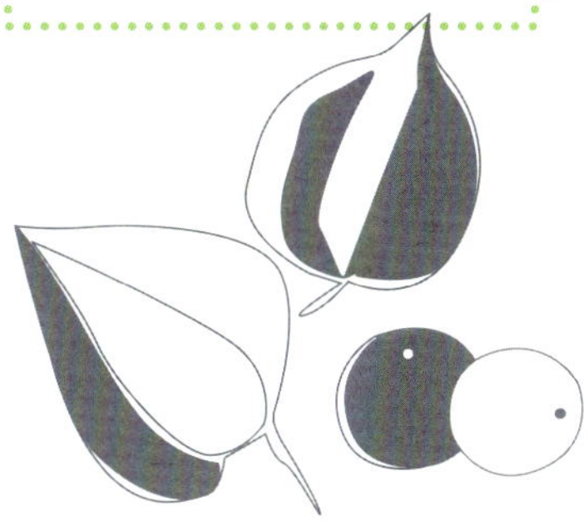

BUTTERPLÄTZCHEN DREIMAL ANDERS

Zubereitungszeit: 30 Min. | Kühlzeit: mind. 1 Std. (besser über Nacht) | Backzeit: 8–10 Min.

Zutaten für je ca. 50 Stück

... klassisch

Für den Mürbeteig:
300 g Mehl + Mehl für die Arbeitsfläche
1 gekochtes Eigelb
200 g weiche Butter
90 g Puderzucker
abgeriebene Schale von ½ Bio-Zitrone
1 Prise Salz · 1 Msp. Vanillemark

Für die Glasur:
1 Eigelb · 2 EL Sahne

... mit Mandeln

Für den Mürbeteig:
Zutaten siehe links

Außerdem:
3 EL Milch
50 g Mandelblättchen

... mit Orangenzucker

Für den Mürbeteig:
300 g Mehl + Mehl für die Arbeitsfläche
200 g weiche Butter
1 gekochtes Eigelb
90 g Puderzucker
1 Prise Salz
abgeriebene Schale von ½ Bio-Orange
1 Msp. Vanillemark

Für den Orangenzucker:
6–7 EL Zucker
abgeriebene Schale von 1 Bio-Orange

... KLASSISCH

1 Für den Mürbeteig das Mehl auf die Arbeitsfläche sieben. Eigelb durch ein Sieb dazudrücken. Mit restlichen Zutaten rasch zu einem glatten Teig verkneten. Zu einem Rechteck formen, in Frischhaltefolie wickeln und mindestens 1 Stunde (besser über Nacht) kühl stellen.

2 Den kalten Teig kurz durchkneten. Auf der bemehlten Arbeitsfläche zwischen zwei Lagen Frischhaltefolie 3 bis 4 mm dick ausrollen.

3 Den Backofen auf 180 °C vorheizen. Ein Backblech mit Backpapier belegen. Aus dem Teig mit verschiedenen Ausstechformen Plätzchen ausstechen und auf das Blech legen.

4 Das Eigelb und die Sahne verquirlen. Die Plätzchen mit einem Pinsel dünn mit der Eiersahne bestreichen. Im Ofen auf der mittleren Schiene 8 bis 10 Minuten goldgelb backen.

... MIT MANDELN

Den Mürbeteig wie links beschrieben herstellen und ausrollen. Aus dem Teig mit verschiedenen Ausstechformen Plätzchen ausstechen und auf das Blech legen. Dünn mit Milch bestreichen und mit Mandelblättchen bestreuen. Im Ofen 8 bis 10 Minuten backen.

... MIT ORANGENZUCKER

Für den Mürbeteig alle Zutaten rasch zu einem glatten Teig verkneten und mindestens 1 Stunde kühl stellen. Den kalten Teig ausrollen und mit einem Plätzchenausstecher Engelsflügel ausstechen. Für den Orangenzucker den Zucker mit dem Orangenabrieb mischen. Die Plätzchen damit bestreuen und wie links beschrieben backen. Herausnehmen und die noch warmen Plätzchen nach Belieben dünn mit Puderzucker bestäuben.

TERRASSENPLÄTZCHEN & NOUGAT-TERRASSENPLÄTZCHEN

Zubereitungszeit: 1 Std. | Kühlzeit: mind. 1 Std. (besser über Nacht) | Backzeit: 6–8 Min.

Zutaten für je ca. 50 Stück

Terrassenplätzchen

Für den Mürbeteig:
200 g Mehl + Mehl für die Arbeitsfläche
140 g weiche Butter
60 g Puderzucker
1 Msp. abgeriebene Bio-Zitronenschale
1 Msp. Vanillemark
1 Prise Salz • 1 Eigelb

Außerdem:
100 g Himbeerkonfitüre
Puderzucker zum Bestäuben

Nougat-Terrassenplätzchen

Für den Mürbeteig:
Zutaten siehe oben, dazu:
2 EL fein gehackter Ingwer

Außerdem:
Zucker zum Tauchen der Sterne
Puderzucker zum Bestäuben
100 g Kirschkonfitüre
30 g flüssiges Nussnougat

TERRASSENPLÄTZCHEN

1 Für den Mürbeteig das Mehl auf die Arbeitsfläche sieben. Mit den übrigen Zutaten rasch zu einem glatten Teig verkneten. Teig zu einem Rechteck formen, in Frischhaltefolie wickeln und mindestens 1 Stunde (besser über Nacht) kühl stellen.

2 Den Backofen auf 180 °C vorheizen. Ein Backblech mit Backpapier belegen. Den Teig auf der bemehlten Arbeitsfläche 3 mm dick ausrollen und mit runden Ausstechförmchen mit Wellenrand Kreise in drei verschiedenen Größen ausstechen (jeweils die gleiche Anzahl an Kreisen). Auf das Backblech legen und im Ofen auf der mittleren Schiene 6 bis 8 Minuten goldbraun backen.

3 Die Himbeerkonfitüre durch ein Sieb streichen und glatt rühren. Die mittleren und kleinen Plätzchen auf der Unterseite damit bestreichen und je ein großes, ein mittleres und ein kleines Plätzchen zu Terrassen zusammensetzen. Leicht mit Puderzucker bestäuben.

NOUGAT-TERRASSENPLÄTZCHEN

1 Teig wie oben beschrieben zubereiten, dabei den Ingwer unterkneten. Auf der bemehlten Arbeitsfläche 3 mm dick ausrollen und wie folgt ausstechen: kleine Sterne (1 cm) entsprechend öfter als Sonnen (Kreis mit Wellenrand, 5 cm ø) und Monde (etwa 4 cm). Auf das Blech legen und wie oben beschrieben goldbraun backen, Sterne ggf. früher herausnehmen.

2 Die Sterne gleich nach dem Backen in Zucker tauchen. Die Monde noch warm leicht mit Puderzucker bestäuben. Eine Sonne mit fein passierter Konfitüre bestreichen, darauf einen Mond platzieren. Auf den Mond einen (oder zwei bis drei) kleinen Tupfen Nougat setzen und darauf jeweils einen Stern andrücken. Auf diese Weise alle Plätzchen zusammensetzen.

SCHAUMRINGE DREIMAL ANDERS

Zubereitungszeit: 30 Min. | Trockenzeit: 2–3 Std. | Mit Maracuja: plus 1 Std. Kühlzeit und 12–14 Min. Backzeit

Zutaten für ca. 60 Stück, mit Maracujakonfitüre: ca. 40 Stück

… klassisch

Für das Baiser:
5 Eiweiß
290 g Zucker • Salz
1 Msp. Vanillemark
75 g Puderzucker

Für die Garnitur:
Zuckerperlen oder -streusel

… mit Farbe und Aroma

Für das Baiser:
Zutaten siehe oben

Außerdem:
je 2–3 Tropfen orangefarbene, gelbe und rote Lebensmittelfarbe
abgeriebene Schale von je ½ Bio-Orange und Bio-Zitrone
1 TL gebrochene, gefriergetrocknete Himbeeren

… mit Mürbeteig und Maracujakonfitüre

Für den Mürbeteig:
200 g Mehl
140 g weiche Butter
40 g Puderzucker
1 Msp. abgeriebene Bio-Zitronenschale
1 Prise Salz
1 Msp. Vanillemark
2 Eigelb

Für das Baiser:
2 Eiweiß • 200 g Zucker

Außerdem:
150 g Maracujakonfitüre
50 g Nussnougat
40 g dunkle Kuvertüre
etwas Puderzucker

… KLASSISCH

1 Den Backofen auf 80 °C vorheizen. Ein Backblech mit Backpapier belegen.

2 Eiweiße mit 160 g Zucker, 1 Prise Salz und Vanillemark steif schlagen. Restlichen Zucker mit gesiebtem Puderzucker mischen und unterheben.

3 Die Baisermasse in einen Spritzbeutel mit mittlerer Loch- oder Sterntülle füllen. Kreise und Sterne auf das Blech spritzen (siehe S. 16). Mit Zuckerperlen und -streuseln bestreuen und im Ofen auf der mittleren Schiene 2 bis 3 Stunden trocknen lassen.

… MIT FARBE UND AROMA

Die Baisermasse wie links beschrieben zubereiten. In drei gleiche Portionen teilen und mit Lebensmittelfarbe in Orange, Gelb und Rot einfärben (Achtung: Die Masse nimmt sehr schnell Farbe an). Unter die orangefarbene Masse den Orangenabrieb, unter die gelbe Masse den Zitronenabrieb und unter die rote Masse die Himbeeren rühren. Auf das Blech spritzen, evtl. mit Zucker in Orange bestreuen und backen.

… MIT TEIG UND MARACUJA

1 Alle Zutaten für den Teig glatt verkneten. In Frischhaltefolie gewickelt 1 Stunde kühl stellen. Für die Baisermasse die Eiweiße mit dem Zucker steif schlagen. Den Mürbeteig 2,5 mm dick ausrollen, Kreise (3 bis 4 cm ø) ausstechen und auf ein mit Backpapier belegtes Blech legen. Auf die Hälfte der Kreise mit einem Spritzbeutel mit mittlerer Lochtülle Baisertupfen spritzen. Im auf 160 °C vorgeheizten Backofen 12 bis 14 Minuten backen.

2 Je ein Mürbeteig- und ein Baiserplätzchen mit Konfitüre zusammensetzen. Nougat und Kuvertüre zusammen schmelzen, in die Mitte der Plätzchen je einen Tupfen davon setzen. Leicht mit Puderzucker bestäuben.

PIMP YOUR PLÄTZCHEN

Grüne Schokolade, Goldpuder oder Fondant in allen Regenbogenfarben: Nie war die Auswahl an dekorativen Backzutaten größer als heute. Und geschmacklich sorgen Dinkel, Quinoa oder Emmer für Abwechslung. Das macht Lust auf neues Backwerk!

COOKIE-LOLLIES

Zubereitungszeit: 2 Std. | *Kühlzeit: mind. 1 Std. (besser über Nacht)* | *Backzeit: 10–12 Min.*

Zutaten für ca. 70 Stück

Für den Mürbeteig:
300 g Mehl + Mehl für die Arbeitsfläche
200 g weiche Butter
80 g Puderzucker
1 Msp. abgeriebene Bio-Zitronenschale
1 Msp. Vanillemark
1 Prise Salz
1 Eigelb
2 TL Lebkuchengewürz
2 EL fein gehackte Cranberrys
2 EL geröstete, fein gehackte Pinienkerne

Für die Glasur:
1 frisches Eiweiß
1 TL Zitronensaft
240 g Puderzucker
Lebensmittelfarben nach Wahl

Außerdem:
je ca. 100 g Aprikosen-, Himbeer- und Sauerkirschkonfitüre
ca. 70 Cake Pop Sticks (Lutscherstiele)
Zuckerperlen

1 Am Vortag das Mehl sieben und mit übrigen Teigzutaten, inklusive Eigelb, rasch verkneten. In Frischhaltefolie gewickelt mindestens 1 Stunde (besser über Nacht) kühl stellen.

2 Den Teig in drei gleich große Portionen teilen. Je ein Drittel mit Lebkuchengewürz, Cranberrys und Pinienkernen verkneten. Den Backofen auf 170 °C vorheizen.

3 Den Teig jeweils 3,5 mm dick ausrollen. Sterne (7,5 cm) und Kreise mit Wellenrand (ca. 6,5 cm ø) ausstechen und auf ein mit Backpapier belegtes Backblech legen. In die Hälfte der Plätzchen einen Lutscherstiel leicht hineindrücken. Im Ofen 10 bis 12 Minuten goldbraun backen. Auskühlen lassen.

4 Plätzchen mit Stiel je nach Zusatz mit Konfitüre bestreichen: Plätzchen mit Lebkuchengewürz mit Aprikosenkonfitüre, Cranberry-Plätzchen mit Himbeer- und Pinienkern-Plätzchen mit Kirschkonfitüre. Jeweils mit einem Plätzchen ohne Stiel zusammensetzen, über Nacht fest werden lassen.

5 Am nächsten Tag Eiweiß, Zitronensaft und gesiebten Puderzucker in einer Rührschüssel 5 Minuten zu einer steifen, weiß-glänzenden Glasur verrühren. Etwa ein Drittel davon zum Aufspritzen der Konturen verwenden. Dafür soll die Glasur zähflüssig sein, aber noch die Form behalten (ist sie zu fest, tröpfchenweise Wasser hinzufügen, siehe auch S. 14).

6 Restliche Glasur zum Ausfüllen nehmen. Sie ist optimal, wenn sie durch das tröpfchenweise Hinzugeben von Wasser die Konsistenz dicker Vanillesauce angenommen hat (siehe S. 14).

7 Beide Glasuren (tropfenweise!) mit Lebensmittelfarbe nach Wahl einfärben. Erst die Glasur für die Kontur in eine selbst gebastelte Spritztüte aus Papier (siehe S. 15) geben und die Konturen auf die Plätzchen auftragen. Dann die Ausfüllglasur in eine weitere Papiertüte geben und die Konturen ausfüllen. Leicht trocknen lassen. Cookie-Lollies nach Belieben verzieren.

GOJIBEEREN-MACARONS MIT HIMBEER-DATTEL-FÜLLUNG

Zubereitungszeit: 1 Std. | Backzeit: ca. 20 Min.

Zutaten für ca. 30 Stück

Für die Macaronmasse:
220 g Puderzucker
130 g Mandelpuder
1 frisches Eiweiß • 2 Eiweiß vom Vortag (gesamt 90 g)
Salz
½ TL Eiweißpulver (aus dem Drogeriemarkt)
1 Msp. abgeriebene Bio-Zitronenschale
2 TL Gojibeeren (aus dem Bioladen)
1 Msp. Vanillemark

Für die Füllung:
100 g Soft-Datteln
100 g tiefgekühlte Himbeeren
2 EL Zitronensaft
etwas abgeriebene Bio-Zitronenschale
1 Prise Salz
1 Msp. Vanillemark

Außerdem:
60 g Puderzucker
2 TL Zitronensaft
ca. 30 Gojibeeren
Goldpuder

1 Für die Macaronmasse 145 g Puderzucker mit dem Mandelpuder sehr fein mixen und durch ein feines Sieb streichen. Die drei Eiweiße mit dem restlichen Puderzucker, 1 Prise Salz, dem Eiweißpulver und dem Zitronenabrieb zu einem festen Eischnee verquirlen.

2 Gojibeeren mit einem Drittel der Mandel-Puderzucker-Mischung sehr fein mixen. Mit restlicher Puderzucker-Mandel-Mischung und dem Vanillemark vermischen.

3 Die Puderzucker-Mandel-Mischung in drei Schritten unter die Eischneemasse rühren. So lange weiterrühren, bis die Luft größtenteils entwichen ist. Ein Backblech mit Backpapier belegen.

4 Die Macaronmasse in einen Spritzbeutel mit mittlerer, runder Lochtülle füllen. Mit etwas Abstand etwa 60 Tupfen (etwa 3 cm ø) auf das Blech spritzen. 30 Minuten ruhen lassen. Den Backofen auf 140 °C (Umluft) vorheizen.

5 Die Macarons auf der mittleren Schiene etwa 20 Minuten backen. Dabei einen Kochlöffel in die Ofentür klemmen, damit die Feuchtigkeit durch die Öffnung entweichen kann. Die Macarons nach dem Backen vom Blech schieben und auskühlen lassen.

6 Für die Füllung die Datteln klein schneiden. Mit 1 EL Wasser und den restlichen Zutaten in einem Topf so lange kochen, bis die Flüssigkeit fast ganz verdunstet ist. Mit dem Pürierstab fein pürieren und auskühlen lassen.

7 Die Füllung jeweils auf die flache Unterseite der Hälfte der Macarons spritzen und mit den restlichen Macarons zusammensetzen. Puderzucker und Zitronensaft verrühren und je einen Klecks auf die Macarons tupfen. Je 1 Gojibeere hineindrücken und die Plätzchen mit Goldpuder bestäuben.

XMAS

SCHNEEMANNKÖPFCHEN

Zubereitungszeit: 2 Std. | Kühlzeit: über Nacht | Backzeit: 8–10 Min.

Zutaten für ca. 30 Stück

Für den Mürbeteig:
150 g Mehl + Mehl für die Arbeitsfläche
100 g weiche Butter
50 g Puderzucker
1 Msp. abgeriebene Bio-Zitronenschale
1 Msp. Vanillemark
1 Prise Salz
1 Eigelb

Für die Füllung:
100 g weicher Mandelnougat

Für die Garnitur:
150 g weiße Kuvertüre
kleine Zuckerperlen in verschiedenen Farben
Zuckermimosen in verschiedenen Farben

Für die Glasur:
1 frisches Eiweiß
½ TL Zitronensaft
150 g Puderzucker (nach Bedarf mehr)
Lebensmittelfarbe in Schwarz und Orange

1 Am Vortag für den Mürbeteig das Mehl auf die Arbeitsfläche sieben und mit den übrigen Zutaten rasch mit den Händen zu einem glatten Teig verkneten. Zu einem Rechteck formen, in Frischhaltefolie wickeln und über Nacht kühl stellen.

2 Den Backofen auf 180 °C vorheizen. Ein Backblech mit Backpapier belegen. Den Teig auf der bemehlten Arbeitsfläche etwa 3 mm dick ausrollen und mit einem runden Ausstechförmchen Kreise (ca. 3,5 cm ø) ausstechen. Auf das Blech legen und im Ofen auf der mittleren Schiene 8 bis 10 Minuten goldbraun backen. Herausnehmen und abkühlen lassen.

3 Jeweils die Hälfte der Mürbeteigkreise mit Mandelnougat bestreichen und mit den übrigen Kreisen zusammensetzen. Fest werden lassen.

4 Für die Garnitur die Kuvertüre grob hacken, schmelzen und temperieren. Die Plätzchen damit überziehen (siehe S. 13) und trocknen lassen. Für die bunten Mützen die Plätzchen anschließend noch einmal zu einem Drittel in die Kuvertüre tauchen und sofort mit den Zuckerperlen bestreuen.

5 Für die Glasur das Eiweiß, den Zitronensaft und den gesiebten Puderzucker in einer Rührschüssel 5 Minuten zu einer steifen, weiß-glänzenden Glasur verrühren (siehe S. 14). Einen Teil der Eiweißspritzglasur in einen Spritzbeutel mit kleiner Sterntülle geben und einen „Pelzrand" über dem unteren Ende der Mütze aufspritzen.

6 Einen Teil der übrigen Glasur schwarz einfärben und damit die Augen und den Mund auf die Köpfchen spritzen. Die restliche Glasur orange färben und die Nasen aufspritzen.

7 Zum Schluss als Mützenbommel jeweils eine bunte Zuckermimose mit weißer Kuvertüre auf die Mützen kleben. Die Plätzchen gut trocknen lassen.

HEIDELBEERSCHNECKEN MIT MATCHA-TEE

Zubereitungszeit: 45 Min. | Kühlzeit: mind. 1 Std. (besser über Nacht) + 1 Std. | Backzeit: 6–8 Min.

Zutaten für ca. 60 Stück

Für den Mürbeteig:
140 g Mehl + Mehl für die Arbeitsfläche
100 g weiche Butter
50 g Puderzucker
1 Msp. Vanillemark
1 Msp. abgeriebene Bio-Zitronenschale
½ TL Matcha-Teepulver
Salz
1 Eigelb

Für die Füllung:
100 g Marzipanrohmasse
20 g Puderzucker
1 Prise Salz
1 Msp. abgeriebene Bio-Zitonenschale
30 g Butter
1 Msp. Zimtpulver
1 Msp. Vanillemark
50 g Soft-Heidelbeeren

Grün, grün, grün ...

Matcha-Teepulver – fein zermahlener grüner Tee – in guter Qualität ist verhältnismäßig teuer. Es schmeckt aber auch in Müslis oder Shakes, sodass sich die Anschaffung auf jeden Fall lohnt (idealerweise kühl und trocken lagern).

1 Für den Mürbeteig das Mehl auf die Arbeitsfläche sieben und in die Mitte eine Mulde drücken. Die Butter in Stücken, den Puderzucker, das Vanillemark, den Zitronenabrieb, das Machta-Teepulver, 1 Prise Salz und das Eigelb in die Vertiefung geben und alles rasch zu einem glatten Teig verkneten. Zu einem Rechteck formen, in Frischhaltefolie wickeln und mindestens 1 Stunde (besser über Nacht) kühl stellen.

2 Inzwischen alle Zutaten für die Füllung mit Ausnahme der Heidelbeeren mit den Händen zu einer glatten Masse verarbeiten.

3 Den Teig kurz durchkneten und auf der bemehlten Arbeitsfläche zu einem 25 x 26 cm großen Rechteck ausrollen. Die Marzipanmasse gleichmäßig und bis an den Rand auf den Teig verstreichen.

4 Die Heidelbeeren auf dem Teig verteilen und mit den Handflächen andrücken. Die Teigplatte so halbieren, dass zwei je 25 x 13 cm große Streifen entstehen. Jeden Streifen von einer Längsseite her zu einer Stange aufrollen. Die Teigrollen 1 Stunde zugedeckt kühl stellen.

5 Den Backofen auf 180 °C vorheizen. Ein Backblech mit Backpapier belegen. Die Teigrollen in jeweils ½ cm breite Scheiben schneiden und auf das Backblech legen. Im Ofen auf der mittleren Schiene 6 bis 8 Minuten backen. Die Heidelbeerschnecken herausnehmen und abkühlen lassen.

ORANGENBLÜTENPERLEN MIT INGWER

Zubereitungszeit: 30 Min. | Kühlzeit: 2 Std. | Backzeit: 3–4 Min.

Zutaten für ca. 30 Stück

Für den Teig:
1 Ei
60 g weißer Rohrohrzucker
3 Tropfen Ingweröl
2 EL Orangenblütenwasser
75 g flüssige weiße Kuvertüre
1 EL fein gehackter, kandierter Ingwer
1 Msp. Vanillemark
½ TL abgeriebene Bio-Orangenschale
Salz
80 g Dinkeldunst (oder Dinkelgrieß)
125 g gemahlene weiße Mandeln

Für den Orangenpuderzucker:
50 g Zucker
½ TL abgeriebene Bio-Orangenschale

1 Für den Teig das Ei, den Zucker, das Ingweröl und das Orangenblütenwasser in einer Rührschüssel so lange mit den Quirlen des Handrührgeräts verrühren, bis die Masse eine helle Farbe annimmt.

2 Die weiße Kuvertüre unterziehen. Den gehackten Ingwer, das Vanillemark, den Orangenabrieb und 1 Prise Salz ebenfalls unterrühren. Den Dinkeldunst mit den Mandeln vermischen und unter den Teig heben. Die Schüssel mit Frischhaltefolie zudecken und den Teig 2 Stunden kühl stellen.

3 Den Backofen auf 220 °C vorheizen. Ein Backblech mit Backpapier belegen. Aus dem Teig mit angefeuchteten Händen etwa haselnussgroße Portionen abnehmen, zu Kugeln rollen und auf das Blech setzen. Im Ofen auf der mittleren Schiene 3 bis 4 Minuten backen.

4 Inzwischen für den Orangenpuderzucker den Zucker und den Orangenabrieb im Küchenmixer sehr fein mahlen.

5 Die Orangenblütenperlen aus dem Ofen nehmen und noch warm mit dem Orangenpuderzucker bestäuben.

Kleines Mitbringsel

Die Plätzchen zum Verschenken in Zellophantütchen verpacken und in saubere Weißblechdosen geben. Die Öffnung zusammenbinden. Banderolen aus Backpapier oder breitem Tape mit Motivstanzern verzieren und um die Dosen kleben.

GOLDENE WEIHNACHTSBREZELN

Zubereitungszeit: 45 Min. | Kühlzeit: mind. 1 Std. (besser über Nacht) | Backzeit: 10–12 Min.

Zutaten für ca. 20 Stück

Für den Mürbeteig:
125 g Mehl + Mehl für die Arbeitsfläche
80 g weiche Butter
50 g Puderzucker
1 EL Crème fraîche
½ TL Zimtpulver
1 Msp. Kardamompulver
1 Msp. Nelkenpulver
1 Msp. Vanillemark
je 1 Msp. abgeriebene Bio-Zitronen- und Bio-Orangenschale
Salz

Für die Glasur:
½ frisches Eiweiß
125 g Puderzucker
1 TL Zitronensaft
flüssige Lebensmittelfarbe in Gold (online bestellen)

1 Für den Mürbeteig das Mehl auf die Arbeitsfläche sieben und in die Mitte eine Mulde drücken. Die Butter in Stücken, den Puderzucker, die Crème fraîche, die Gewürze, den Zitronen- und Orangenabrieb sowie 1 Prise Salz in die Mulde geben. Alles mit den Händen rasch zu einem glatten Teig verkneten. In Frischhaltefolie wickeln und 1 Stunde (besser über Nacht) kühl stellen.

2 Den Backofen auf 170 °C vorheizen. Ein Backblech mit Backpapier belegen. Den Teig kurz durchkneten und auf der bemehlten Arbeitsfläche 4 mm dick ausrollen. Mit einem Brezelausstecher Brezeln ausstechen (alternativ die Brezeln von Hand aus Teigstücken formen).

3 Die Brezeln auf das Backblech legen und im Ofen auf der mittleren Schiene 10 bis 12 Minuten backen. Herausnehmen und auskühlen lassen.

4 Für die Glasur das Eiweiß, den Puderzucker und den Zitronensaft in einer hohen Rührschüssel mit den Quirlen des Handrührgeräts bei niedriger Stufe 4 bis 5 Minuten zu einer steifen, weiß-glänzenden Glasur verrühren (siehe S. 14). Aus Pergamentpapier eine Spritztüte falten (siehe S. 15), mit etwas Glasur füllen und die Konturen der Brezeln nachfahren. In die übrige Glasur tropfenweise Wasser rühren, damit sie etwas weicher wird (siehe S. 14). Damit die Konturen ausfüllen. Die Glasur trocknen lassen.

5 Zum Schluss die Weihnachtsbrezeln mithilfe eines Pinsels mit goldener Lebensmittefarbe bestreichen und gut trocknen lassen.

Vegan „aufgeBrezelt"

Für eine vegane Variante ersetzen Sie die Butter durch vegane Margarine und die Crème fraîche durch weißes Mandelmus (aus dem Bioladen).

CHIASAMEN-RINGE

Zubereitungszeit: 30 Min. | Backzeit: 8–10 Min.

Zutaten für ca. 60 Stück

Für die Füllung:
35 g Sahne • 35 g Honig
35 g brauner Zucker
30 g Chiasamen (aus dem Bioladen)
1 Msp. Vanillemark

Für den Teig:
125 g weiche Butter
40 g Puderzucker
Salz
1 Msp. Vanillemark
1 Msp. abgeriebene Bio-Zitronenschale
1 Eiweiß
150 g Emmer-Mehl
¼ TL Backpulver

1 Für die Füllung die Sahne mit dem Honig und dem Zucker in einem kleinen Topf unter Rühren aufkochen und bei mittlerer Hitze 2 bis 3 Minuten köcheln lassen. Die Chiasamen und das Vanillemark sorgfältig unterrühren. Den Topf vom Herd ziehen und die Masse auskühlen lassen.

2 Für den Teig die Butter mit dem Puderzucker, 1 Prise Salz, dem Vanillemark und dem Zitronenabrieb in einer Schüssel mit den Quirlen des Handrührgeräts leicht schaumig rühren. Das Eiweiß hinzufügen und noch einmal kurz verrühren.

3 Das Mehl mit dem Backpulver mischen und über die Buttermasse sieben. Alles gut verrühren.

4 Den Backofen auf 180 °C vorheizen. Ein Backblech mit Backpapier belegen. Den Teig in einen Spritzbeutel mit Sterntülle füllen und etwa 3 cm große Ringe auf das Blech spritzen. Die Chiasamen-Füllung in die Mitte geben und die Ringe im Ofen 8 bis 10 Minuten backen.

Back to the roots

Emmer ist eine uralte Weizenart. Das Mehl ist goldfarben, leicht grießig und enthält viel Eiweiß. Wie alle Vollkornmehle braucht es etwas mehr Flüssigkeit als normales Mehl. Ist der Teig zu trocken, etwas Milch oder Sahne hinzugeben.

SCHOKO-CHERRY-KÜSSCHEN

Zubereitungszeit: 20 Min. | *Backzeit: 10–12 Min.*

Zutaten für ca. 40 Stück

Für den Teig:
50 g dunkle Kuvertüre
100 g Butter
70 g Puderzucker
1 Eigelb
1 Msp. abgeriebene Bio-Zitronenschale
1 Msp. Vanillemark
Salz
50 g Soft-Kirschen
60 g weiße Kuvertüre
200 g Mehl
½ TL Backpulver
2 EL Zartbitter-Schokoraspel
2–3 EL Milch

Für die Garnitur:
1–2 EL Soft-Kirschen
1–2 EL weiße Kuvertüre-stücke

1 Für den Teig die dunkle Kuvertüre in einer Metallschüssel im heißen Wasserbad schmelzen.

2 Die Butter mit dem Puderzucker in einer Schüssel mit den Quirlen des Handrührgeräts leicht schaumig rühren. Das Eigelb mit dem Zitronenabrieb, dem Vanillemark und 1 Prise Salz hinzufügen, dann die flüssige Kuvertüre unterrühren.

3 Die Soft-Kirschen fein hacken. Die weiße Kuvertüre in grobe Stücke hacken. Das Mehl mit dem Backpulver mischen, mit den gehackten Kirschen, den Kuvertürestücken und den Schokoraspeln unter den Teig rühren. Milch dazugeben und alle Zutaten gut vermischen.

4 Den Backofen auf 180 °C vorheizen. Ein Backblech mit Backpapier belegen. Mit einem Teelöffel vom Teig walnussgroße Häufchen abstechen und auf das Blech setzen.

5 Für die Garnitur die Soft-Kirschen grob hacken. Die Teighäufchen mit Kirschen und Kuvertürestücken garnieren.

6 Die Cherry-Küsschen im Ofen auf der mittleren Schiene 10 bis 12 Minuten backen. Herausnehmen und auf einem Kuchengitter abkühlen lassen.

HOLUNDERFEUER

Zubereitungszeit: 45 Min. | *Kühlzeit: 2–3 Std.* | *Backzeit: 8–10 Min.*

Zutaten für ca. 40 Stück

Für den Teig:
125 g Butter
60 g Puderzucker
Salz
1 Msp. Vanillemark
½ TL abgeriebene Bio-Zitronenschale
200 g Mehl + Mehl für die Arbeitsfläche
1 Msp. Backpulver

Für die Füllung:
je 100 g Holunderbeer- und Himbeerkonfitüre
2–3 EL Vogelbeerschnaps

Für die Glasur:
½ Eiweiß
125 g Puderzucker
1 TL Zitronensaft

1 Für den Teig die Butter in einem Topf unter Rühren erhitzen und abkühlen lassen.

2 Die flüssige Butter in einer Rührschüssel mit dem Puderzucker, 1 Prise Salz, dem Vanillemark und dem Zitronenabrieb mischen. Das Mehl und das Backpulver über die Buttermasse sieben und alle Zutaten mit den Händen so lange verkneten, bis ein glatter Teig entstanden ist. In Frischhaltefolie wickeln und 2 bis 3 Stunden kühl stellen.

3 Den Backofen auf 170 °C vorheizen. Ein Backblech mit Backpapier belegen. Den Teig auf der bemehlten Arbeitsfläche 3 mm dick ausrollen und mit einem Ausstechförmchen (etwa 3,5 cm ø) Kreise ausstechen. Auf das Backblech legen und im Ofen auf der mittleren Schiene 8 bis 10 Minuten ganz hell backen. Herausnehmen und auskühlen lassen.

4 Die Konfitüre mit dem Vogelbeerschnaps glatt rühren. Die Hälfte der Plätzchen dünn mit 100 g aromatisierter Konfitüre bestreichen, dann mit den restlichen Plätzchen zusammensetzen.

5 Die restliche Konfitüre erhitzen und die Oberfläche der Plätzchen eintauchen. Für eine satte rote Farbe den Vorgang nach Belieben noch einmal wiederholen. Trocknen lassen.

6 Für die Glasur das Eiweiß, den Puderzucker und den Zitronensaft in einer hohen Rührschüssel mit den Quirlen des Handrührgeräts bei niedriger Stufe 4 bis 5 Minuten zu einer steifen, weiß-glänzenden Glasur verrühren (siehe S. 14).

7 Einen Spritzbeutel aus Pergamentpapier falten (siehe S. 15), mit der Glasur füllen und die Plätzchen damit verzieren.

KNUSPERTANNEN

Zubereitungszeit: 90 Min. | *Backzeit: 4–6 Min.*

Zutaten für ca. 30 Stück

Für die Hippenmasse:
20 g Marzipanrohmasse
60 g Puderzucker
50 g Mehl
1 Ei • 1 Prise Salz
1 Msp. Vanillemark
1–2 Tropfen Zitronensaft

Für den Krokantnougat:
50 g Zucker
30 g Mandelblättchen
200 g Nussnougat
50 g dunkle Kuvertüre
½ TL gemahlener Koriander

Für die Glasur:
250 g grüne Schokolade
Zuckerperlen in Gold und Grün
etwas Puderzucker

Außerdem:
Pflanzenfett und Mehl für das Blech
Eierkarton (für 30 St.)
ca. 30 Mikadostäbchen aus Schokolade

1 Für die Hippenmasse die Marzipanrohmasse zerkrümeln oder reiben und in einer Schüssel mit den übrigen Zutaten glatt verkneten. Den Backofen auf 170 °C vorheizen.

2 Ein Backblech dünn einfetten und mit etwas Mehl bestäuben. Die Hippenmasse mithilfe einer Schablone (siehe Tipp) dünn in Dreiviertelkreisen aufstreichen. Im Ofen auf der mittleren Schiene 4 bis 6 Minuten backen.

3 Die noch heißen Hippenplätzchen mit einem Messer oder einem Spachtel vom Blech heben und zu Kegeln formen. Diese zum Auskühlen in den Eierkarton stecken (vorher die Spitzen abschneiden), damit sie die Form behalten.

4 Für den Krokantnougat den Zucker in einem Topf bei starker Hitze unter ständigem Rühren schmelzen. Mandelblättchen untermischen und die Masse sofort auf einen Bogen Backpapier geben.

5 Den Nougat und die Kuvertüre zusammen im heißen Wasserbad schmelzen. Den Mandelkrokant mit dem Nudelholz zerbrechen und mit dem Koriander unter die Nougat-Schokolade rühren. Die Hippenkegel sofort mit dem Krokantnougat füllen, etwas abkühlen lassen und jeweils ein Mikadostäbchen hineinstecken. Die Masse fest werden lassen.

6 Für die Glasur die grüne Schokolade schmelzen und die Kegel damit überziehen. Die Zuckerperlen vorsichtig hineindrücken. Nach dem Trocknen mit Puderzucker bestäuben.

Gut in Form

Für die Schablone auf fester Pappe (11 x 11 cm; 1 bis 2 mm) mit dem Zirkel einen Kreis (8 cm ø) markieren und einen Dreiviertelkreis ausschneiden (siehe S. 51). In die so entstehende freie Fläche wird dann etwas Hippenmasse gestrichen.

STEMPELPÄTZCHEN DREIMAL ANDERS

Zubereitungszeit: 30 Min. | Kühlzeit: mind. 1 Std. (besser über Nacht) | Backzeit: 10–12 Min.

Zutaten für ca. 50 Stück

Für den Mürbeteig:
300 g Mehl + Mehl für die Arbeitsfläche
200 g weiche Butter
80 g Puderzucker
1 Msp. Vanillemark
1 Msp. abgeriebene Bio-Zitronenschale
Salz • 1 Eigelb
2 TL Kakaopulver
2 TL Himbeerpulver (siehe Tipp S. 34)

Außerdem:
fein gehackter Rosmarin
Kokosraspel zum Bestreuen
Kakaopulver zum Bestäuben

1 Für den Mürbeteig das Mehl auf die Arbeitsfläche sieben und in die Mitte eine Mulde drücken. Butter in Stücken, Puderzucker, Vanillemark, Zitronenabrieb, 1 Prise Salz und Eigelb in die Vertiefung geben. Alles mit den Händen rasch zu einem glatten Teig verkneten, zu einem Rechteck formen, in Frischhaltefolie wickeln und mindestens 1 Stunde (besser über Nacht) kühl stellen.

2 Dem Mürbeteig in drei gleich große Portionen teilen. Unter ein Drittel das Kakaopulver, unter ein weiteres Drittel das Himbeerpulver kneten. Das letzte Teigdrittel bleibt pur.

3 Den Backofen auf 160 °C vorheizen. Ein Backblech mit Backpapier belegen. Den Teig auf der bemehlten Arbeitsfläche etwa 3,5 mm dick ausrollen und mit einem Plätzchenstempel in größeren Abständen Muster eindrücken. Diese mit einem runden oder gewellten Ausstecher ausstechen.

4 Das Backblech mit dem Rosmarin bestreuen und die hellen Plätzchen ohne Zusatz darauflegen. Im Ofen auf der mittleren Schiene 10 bis 12 Minuten backen.

5 Für die Schokoplätzchen einen weiteren Bogen Backpapier mit Kokosraspeln bestreuen, für die Himbeerplätzchen mit Kakaopulver. Beide Plätzchensorten ebenfalls 10 bis 12 Minuten backen. Die Plätzchen sollen schön hell bleiben, damit die Gewürze und Kokosraspel nicht verbrennen und bitter schmecken (Foto siehe Cover).

QUINOATALER MIT CASHEWKERNEN

Zubereitungszeit: 20 Min. | Kühlzeit: mind. 2 Std. (besser über Nacht) | Backzeit: 13–15 Min.

Zutaten für ca. 70 Stück

Für den Mürbeteig:
125 g Mehl + Mehl für die Arbeitsfläche
180 g weiche Butter
20 g Kokosblütenzucker (aus dem Bioladen)
1 Msp. Vanillemark
Salz
1 Eigelb • 1 Ei
1 Msp. abgeriebene Bio-Zitronenschale
150 g gemahlene Cashewkerne
100 g Quinoaflocken

Außerdem:
100 g Himbeerkonfitüre
etwas Puderzucker

1 Für den Mürbeteig das Mehl auf die Arbeitsfläche sieben und in die Mitte eine Mulde drücken. Butter in Stücken, Kokosblütenzucker, Vanillemark, 1 Prise Salz, Eigelb, Ei und Zitronenabrieb in die Vertiefung geben. Die Cashewkerne und die Quinoaflocken ebenfalls hinzufügen und alle Zutaten mit den Händen rasch zu einem glatten Teig verkneten. Zu einem Rechteck formen, in Frischhaltefolie wickeln und mindestens 2 Stunden (besser über Nacht) kühl stellen.

2 Den Backofen auf 180 °C vorheizen. Ein Backblech mit Backpapier belegen. Den Teig auf der bemehlten Arbeitsfläche noch einmal kurz durchkneten. Mit angefeuchteten Händen walnussgroße Mengen abnehmen und zu Kugeln rollen. In jede Kugel mit einem Kochlöffelstiel eine Mulde drücken und mit Himbeerkonfitüre füllen.

3 Die Kugeln im Ofen auf der mittleren Schiene 13 bis 15 Minuten backen. Die Quinoataler herausnehmen und noch warm mit Puderzucker überstäuben.

Gesund naschen

Quinoa nennt man die Samen bestimmter Gänsefußgewächse. Die Samen sind eiweiß- und mineralstoffreich – und glutenfrei. Kokosblütenzucker wird aus dem Nektar der Kokospalme hergestellt und ist im Gegensatz zu Haushaltszucker wesentlich nährstoffreicher.

PUNSCHWÜRFEL MIT MARZIPAN

Zubereitungszeit: 75 Min. | Kühlzeit: über Nacht | Backzeit: 8–10 Min.

Zutaten für ca. 60 Stück

Für den Marzipanboden:
100 g Marzipanrohmasse
5 Eigelb
1 Msp. Vanillemark
1 Msp. abgeriebene Bio-Zitronenschale
5 Eiweiß • Salz
150 g Zucker
150 g Mehl
150 g flüssige Butter

Für die Füllung:
200 g Marzipanrohmasse
2–3 EL Johannisbeerkonfitüre
2 EL Rum

Für die Punschtränke:
Saft von 2 Orangen
Saft von 1 Zitrone
50 g Zucker
½ Zimtstange
1 Sternanis
4 Gewürznelken
3 Kardamomkapseln
je 1 Stück Bio-Orangen- und Bio-Zitronenschale
4 EL Rum

Außerdem:
2–3 EL Johannisbeerkonfitüre
200 g Marzipanrohmasse
50 g Puderzucker
400 g flüssiger Fondant
Fondantsterne und Goldflitter zum Verzieren

1 Am Vortag für den Marzipanboden Marzipan in einer Schüssel zerkrümeln und mit Eigelben, Vanillemark und Zitronenabrieb schaumig schlagen.

2 Den Backofen auf 200 °C vorheizen. Die Eiweiße mit 1 Prise Salz in einer hohen Rührschüssel steif schlagen. Nach und nach den Zucker einrieseln lassen. Den Eischnee unter die Marzipan-Eigelb-Masse ziehen. Das Mehl darübersieben und unterheben. Die Butter unterrühren.

3 Zwei Backbleche mit Backpapier belegen. Den Teig darauf gleichmäßig verstreichen. Im Ofen auf der mittleren Schiene 8 bis 10 Minuten backen. Herausnehmen und auskühlen lassen.

4 Inzwischen für die Füllung Marzipan in einer Schüssel zerkrümeln und mit der Konfitüre und dem Rum verrühren (die Masse soll etwa die Konsistenz von Quark haben, bei Bedarf mehr Konfitüre oder Rum hinzugeben).

5 Die Zitrussäfte in einem Topf mit dem Zucker mischen und erwärmen. Die Gewürze mit den Zitrusschalen in ein Gewürzsäckchen oder einen Einweg-Teebeutel geben und in den Topf hängen. Den Topf vom Herd nehmen und den Sud 1 Stunde ziehen lassen. Das Gewürzsäckchen entfernen und den Rum hinzufügen.

6 Die Marzipanböden halbieren (je 20 x 30 cm). Schichtweise mit der Füllung zusammensetzen, dabei jeden Boden bis auf den untersten leicht mit der Punschtränke beträufeln. Mit Backpapier bedecken. Ein Blech darauflegen und mit drei Milchpäckchen beschwert über Nacht kühl stellen.

7 Am nächsten Tag den obersten Boden mit Konfitüre bestreichen. Marzipan und Puderzucker verkneten, zu einem 20 x 30 cm großen Rechteck ausrollen und auf den Boden legen. Die Platte in 3 cm große Würfel schneiden, diese mit Fondant überziehen. Mit Sternen und Goldflitter verzieren.

AMARETTINI-ZAUBERBÄUMCHEN

Zubereitungszeit: 30 Min. | Trockenzeit: 50–60 Min.

Zutaten für 39 Stück

Für den Teig:
4 Eiweiß • 1 Prise Salz
130 g Mandelpuder
70 g gemahlene weiße Mandeln
220 g Puderzucker
1 EL Mehl
1 EL Maisstärke
½ Fläschchen Bittermandelöl
1 Msp. abgeriebene Bio-Zitronenschale
1 Msp. Vanillemark
1 TL Acaipulver (aus dem Bioladen)
2 EL Rum-Rosinen
1 TL Matcha-Teepulver (aus dem Bioladen)

Außerdem:
Puderzucker zum Bestäuben

1 Für den Teig die Eiweiße mit dem Salz in einer Schüssel mit dem Schneebesen verrühren. Nach und nach den Mandelpuder und die gemahlenen Mandeln dazugeben.

2 Den Puderzucker, das Mehl und die Maisstärke gut mischen. Das Bittermandelöl, den Zitronenabrieb und das Vanillemark hinzufügen. Alle Zutaten mit dem Mandel-Eischnee gut mit den Händen verkneten.

3 Die Teigmasse in drei gleiche Portionen teilen. Eine Portion mit dem Acaipulver, eine weitere mit den Rum-Rosinen und die dritte Portion mit dem Matcha-Teepulver mischen.

4 Den Backofen auf 100 °C (Umluft) vorheizen. Ein Backblech mit Backpapier belegen. Aus den drei Teigmassen mit angefeuchteten Händen jeweils 13 Kegel (à etwa 15 g) rollen und auf das Backblech setzen. Leicht mit Puderzucker bestäuben.

5 Die Amarettini-Bäumchen im Ofen auf der mittleren Schiene 50 bis 60 Minuten trocknen. Herausnehmen und auf einem Kuchengitter auskühlen lassen.

Süße Überraschung

Die Amarettini-Bäumchen eignen sich prima als Mitbringsel. Zum-Verpacken eine leere Pralinen- oder Konfektschachtel mit Papieren beziehen. Die Bäumchen in Pralinenförmchen setzen und in der Schachtel anordnen.

MÜSLIKEKSE MIT EMMER

Zubereitungszeit: 45 Min. | Kühlzeit: mind. 1–2 Std. (besser über Nacht) | Backzeit: 20–22 Min.

Zutaten für 84 Stück

Für den Mürbeteig:
150 g Buchweizenmehl
200 g Honig
70 g weiche Butter
1 Msp. Vanillemark
abgeriebene Schale von ½ Bio-Zitrone
Salz
150 g Emmer-Mehl
½ TL Backpulver

Für die Müslimasse:
30 g Zucker
200 g warme Sahne
20 g Honig
1 Msp. Vanillemark
1 Msp. abgeriebene Bio-Zitronenschale
1 Prise Salz
200 g Müslimischung
50 g Rosinen

Außerdem:
Mehl für die Arbeitsfläche
3–4 EL Aprikosen-konfitüre

1 Für den Mürbeteig das Buchweizenmehl, den Honig, die Butter, das Vanillemark, den Zitronenabrieb und 1 Prise Salz zu einem glatten Teig verkneten.

2 Das Emmer-Mehl und das Backpulver sieben und zügig unter den Teig kneten. In Frischhaltefolie wickeln und mindestens 1 bis 2 Stunden (besser über Nacht) kühl stellen.

3 Den Backofen auf 180 °C vorheizen. Ein Backblech mit Backpapier belegen. Den Teig auf der bemehlten Arbeitsfläche zu einem 25 x 30 cm großen Rechteck ausrollen. Den Teig auf das Backblech legen und im Ofen auf der mittleren Schiene 10 Minuten vorbacken, dann herausnehmen. Die Backofentemperatur auf 160 °C herunterschalten.

4 Für die Füllung den Zucker in einem Topf karamellisieren (siehe S. 17) und nach und nach die warme Sahne unter Rühren angießen. Den Honig und Gewürze hinzugeben und so lange weiterrühren, bis eine goldbraune Masse entsteht. Diese etwas einkochen.

5 Den Topf vom Herd nehmen. Das Müsli und die Rosinen in den Karamell geben und gut unterrühren.

6 Die vorgebackene Mürbeteigplatte mit der Konfitüre bestreichen. Mit einem Backrahmen umstellen und die Müslimasse gleichmäßig darauf verstreichen. Im Ofen auf der mittleren Schiene 10 bis 12 Minuten fertig backen. Herausnehmen und etwas abkühlen lassen.

7 Die Platte in sechs jeweils 5 cm breite Streifen schneiden, jeden Streifen in 14 Stücke. Nach Belieben die Kekse noch schräg in temperierte weiße Kuvertüre tauchen und auf einem Kuchengitter trocknen lassen.

TOFFEE-NOUGAT-PLÄTZCHEN

Zubereitungszeit: 45 Min. | Kühlzeit: mind. 2–3 Std. (besser über Nacht) | Backzeit: 8–10 Min.

1 Für den Mürbeteig das Mehl auf die Arbeitsfläche sieben und in die Mitte eine Mulde drücken. Butter in Stücken, Puderzucker, Vanillemark, 1 Prise Salz, Eigelb, Kakaopulver und Schokoraspel in die Vertiefung geben. Alles mit den Händen rasch zu einem glatten Teig verkneten. Zu einem Rechteck formen, in Frischhaltefolie wickeln und mindestens 2 bis 3 Stunden (besser über Nacht) kühl stellen.

2 Für die Toffeemasse die Bonbons und die Sahne in einen Topf geben und bei schwacher Hitze schmelzen. Kurz unter ständigem Rühren aufkochen, den Topf vom Herd nehmen und die Masse abkühlen lassen.

3 Den Backofen auf 180 °C vorheizen. Ein Backblech mit Backpapier belegen. Den Mürbeteig auf der bemehlten Arbeitsfläche ausrollen und mit einem Ausstechförmchen (3,5 cm ø) Kreise ausstechen. Auf das Backblech setzen und im Ofen auf der mittleren Schiene 8 bis 10 Minuten backen. Herausnehmen und abkühlen lassen.

4 Den Nougat schmelzen und immer zwei Plätzchen mit etwas flüssigem Nougat zusammensetzen. Auf jedes zusammengesetzte Plätzchen mit dem Spritzbeutel mittig einen Tupfen Toffeemasse aufspritzen und 1 geröstete Haselnuss hineindrücken. Die Plätzchen mit temperierter dunkler Kuvertüre filieren (siehe S. 13 bzw. S. 16).

Zutaten für ca. 60 Stück

Für den Mürbeteig:
200 g Mehl + Mehl für die Arbeitsfläche
140 g weiche Butter
60 g Puderzucker
1 Msp. Vanillemark
Salz
1 Eigelb
2 EL Kakaopulver
3 EL Schokoraspel

Für die Toffeemasse:
14 Toffeebonbons (90 g)
100 g Sahne

Für die Füllung:
150 g weicher Nussnougat

Außerdem:
60 ganze geröstete Haselnüsse (siehe Tipp)
ca. 150 g dunkle Kuvertüre

Feines Röstaroma

Haselnüsse lassen sich am besten im Backofen rösten. Dazu die Nüsse auf einem Backblech ausbreiten und im auf 180 °C vorgeheizten Backofen etwa 12 Minuten rösten. Wenn sie nussig riechen und leicht braun sind, herausnehmen.

ZARTE SCHNEEFLOCKEN

Zubereitungszeit: 30 Min. | Kühlzeit: mind. 2–3 Std. (besser über Nacht) + 30 Min. | Backzeit: 8–10 Min.

Zutaten für ca. 30 Stück

Für den Mürbeteig:
150 g Mehl + Mehl für die Arbeitsfläche
100 g weiche Butter
50 g Puderzucker
1 Msp. Vanillemark
1 Msp. abgeriebene Bio-Zitronenschale
Salz
1 Eigelb

Außerdem:
80 g Zucker
2 Platten TK-Blätterteig
50 g blauer Zucker (aus dem Online-Shop)
Puderzucker zum Bestäuben

1 Für den Mürbeteig das Mehl auf die Arbeitsfläche sieben und in die Mitte eine Mulde drücken. Butter in Stücken, Puderzucker, Vanillemark, Zitronenabrieb, 1 Prise Salz und Eigelb in die Vertiefung geben. Alles mit den Händen rasch zu einem glatten Teig verkneten. Zu einem Rechteck formen, in Frischhaltefolie wickeln und mindestens 2 bis 3 Stunden (besser über Nacht) kühl stellen.

2 Den Mürbeteig halbieren. Jede Hälfte auf der bemehlten Arbeitsfläche zu einem 20 x 20 cm großen Quadrat ausrollen. Leicht mit kaltem Wasser bestreichen und mit 2 EL Zucker dünn bestreuen.

3 Jede Blätterteigplatte ebenfalls zu einem 20 x 20 cm großen Quadrat ausrollen. Auf die Mürbeteigplatten legen und mit dem Nudelholz andrücken. Mit der Gabel mehrere Löcher einstechen und 30 Minuten kühl stellen.

4 Den Backofen auf 190 °C vorheizen. Ein Backblech mit Backpapier belegen.

5 Aus einer Teigplatte mit einem Ausstechförmchen Schneeflocken ausstechen. Die Oberseiten der Schneeflocken dünn mit kaltem Wasser bestreichen und in den weißen Zucker drücken. Den Vorgang mit der zweiten Teigplatte wiederholen. Hier jedoch die Oberseiten der Schneeflocken in den blauen Zucker drücken.

6 Die weißen und blauen Schneeflocken auf das Bech legen und im Ofen auf der mittleren Schiene 8 bis 10 Minuten backen. Herausnehmen, noch heiß leicht mit Puderzucker bestäuben und auf einem Kuchengitter auskühlen lassen.

Für Eilige

Wenn es schnell gehen soll, verzichten Sie auf das Ausstechen mit dem Förmchen und schneiden Sie die Teigplatten einfach in 4 x 2,5 cm große Rauten. Dann wie im Rezept beschrieben mit Zucker verzieren und backen.

PLÄTZCHEN AUS ALLER WELT

Weihnachten verbringen wir am liebsten zu Hause. Und trotzdem macht es Spaß, einen Blick in die Backstuben anderer Länder zu werfen. Kommen Sie mit auf die kulinarische Reise. Ich verspreche Ihnen: Es gibt viele tolle Rezepte zu entdecken!

ÖSTERREICHISCHE BRABANZERL

Zubereitungszeit: 1 Std. | *Kühlzeit: mind. 1 Std. (besser über Nacht)* | *Backzeit: 8–10 Min.*

Zutaten für ca. 50 Stück

Für den Teig:
50 g dunkle Kuvertüre
150 g Mehl + Mehl für die Arbeitsfläche
50 g Puderzucker
Salz
50 g gemahlene Haselnüsse
150 g weiche Butter
½ TL Muskatpulver
1 Msp. Vanillemark

Außerdem:
150 g Johannisbeerkonfitüre
300 g dunkle Kuvertüre
100 g halbierte Mandeln
50 g Vollmilchkuvertüre

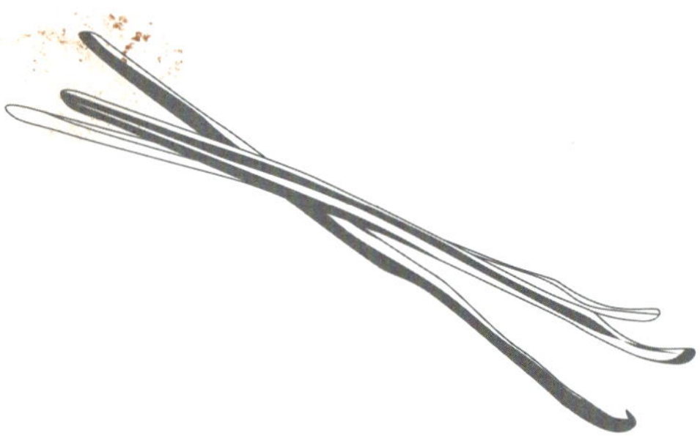

1 Für den Teig die Kuvertüre grob hacken und in einer Metallschüssel im heißen Wasserbad unter Rühren schmelzen. Mehl, Puderzucker, 1 Prise Salz, Haselnüsse, Butter, geschmolzene Kuvertüre, Muskat und Vanillemark schnell zu einem glatten Teig verkneten. In Frischhaltefolie wickeln und mindestens 1 Stunde (besser über Nacht) kühl stellen.

2 Den Backofen auf 170 °C vorheizen. Ein Backblech mit Backpapier auslegen. Den Teig auf der bemehlten Arbeitsfläche 3 mm dick ausrollen und mit einem runden Ausstechförmchen mit Wellenrand (3,5 cm ø) Plätzchen ausstechen. Auf das Backblech legen und im Ofen auf der mittleren Schiene 8 bis 10 Minuten goldbraun backen. Herausnehmen und auskühlen lassen.

3 Die Johannisbeerkonfitüre in einem Topf erwärmen und glatt rühren. Die Hälfte der Plätzchen auf der Unterseite mit der Konfitüre bestreichen und mit den übrigen Plätzchen zusammensetzen.

4 Die dunkle Kuvertüre grob hacken, schmelzen und temperieren (siehe S. 13). Die Plätzchen damit überziehen und jeweils mit einer Mandelhälfte belegen. Die Vollmilchkuvertüre ebenfalls grob hacken, schmelzen und temperieren. Die Glasur in eine selbst gefaltete Papiertüte füllen (siehe S. 15) und die Plätzchen damit filieren (siehe S. 16).

STEIRISCHE KÜRBISKERNPLATZERL

Zubereitungszeit: 75 Min. | Kühlzeit: mind. 1 Std. (besser über Nacht) | Backzeit: 8–10 Min.

Zutaten für ca. 30 Stück

Für den Mürbeteig:
100 g Kürbiskerne
160 g Weizenmehl + Mehl für die Arbeitsfläche
100 g Buchweizenmehl
½ TL Backpulver
50 g weiche Butter
130 g Waldhonig
3 EL Kürbiskernöl
1 Msp. Vanillemark
1 Prise Salz • etwas abgeriebene Bio-Zitronenschale
1 Msp. gemahlener Sternanis
1 Eigelb

Außerdem:
100 g Weichselkonfitüre (oder Sauerkirschkonfitüre)
200 g dunkle Kuvertüre

1 Für den Mürbeteig die Kürbiskerne in einer beschichteten Pfanne ohne Fett leicht anrösten, anschließend fein hacken. 20 g für die Garnitur beiseitelegen.

2 Beide Mehlsorten mit dem Backpulver auf die Arbeitsfläche sieben und in die Mitte eine Mulde drücken. Butter in Stücken, Honig, Kürbiskernöl, gehackte Kürbiskerne, Gewürze und Eigelb in die Vertiefung geben. Alle Zutaten mit den Händen rasch zu einem glatten Teig verkneten. Zu einem Rechteck formen, in Frischhaltefolie wickeln und mindestens 1 Stunde (besser über Nacht) kühl stellen.

3 Den Backofen auf 180 °C vorheizen. Ein Backblech mit Backpapier belegen. Den Teig auf der bemehlten Arbeitsfläche 3 mm dick ausrollen und mit einem Ausstechförmchen Monde ausstechen. Auf das Backblech legen und im Ofen auf der mittleren Schiene 8 bis 10 Minuten backen. Herausnehmen und auf einem Kuchengitter auskühlen lassen.

4 Die Konfitüre in einem Topf erwämen und glatt rühren. Die Hälfte der Plätzchen auf der Unterseite damit bestreichen und mit den übrigen Plätzchen zusammensetzen.

5 Die dunkle Kuvertüre grob hacken, schmelzen und temperieren (siehe S. 13). Die Plätzchen jeweils zur Hälfte in die Kuvertüre tauchen. Sofort mit den beiseitegelegten, gehackten Kürbiskernen bestreuen und trocknen lassen.

SHORTBREAD „THREESOME"

Zubereitungszeit: 90 Min. | Backzeit: 15–20 Min. | Ruhezeit: 1–2 Std.

Zutaten für 48 Stück

Für den Teig:
110 g Butter
100 g brauner Zucker
1 Ei
Salz
1 Msp. Vanillemark
etwas abgeriebene Bio-Zitronenschale
100 g Mehl
50 g gehackte, geröstete Haselnüsse
30 g gehackte Soft-Cranberrys

Für den Butterkaramell:
3 Zimtblüten
230 g Zucker
40 g Butter
80 g Sahne
1 Msp. Vanillemark

Außerdem:
Fett für die Form
200 g dunkle Kuvertüre

1 Für den Teig den Backofen auf 170 °C vorheizen. Die Butter in einem Topf unter Rühren schmelzen, nach und nach den Zucker einrühren. Das Ei, 1 Prise Salz, das Vanillemark und den Zitronenabrieb ebenfalls unterrühren. Das Mehl sieben, mit den gehackten Nüssen und den Cranberrys vermischen und unter die Buttermasse heben.

2 Eine 20 x 25 cm große Backform (oder einen Backrahmen) einfetten und dem Teig gleichmäßig darin verteilen. Im Ofen auf der mittleren Schiene 15 bis 20 Minuten goldbraun backen. Herausnehmen und in der Form auskühlen lassen.

3 Für den Karamell die Zimtblüten im Mörser zerkleinern. In einem Topf den Zucker in 6 EL Wasser bei schwacher Hitze unter Rühren schmelzen. Dann bei starker Hitze so lange weiterkochen, bis er eine helle, goldgelbe Farbe angenommen hat (siehe S. 17). Die Butter, die Sahne und das Vanillemark unterrühren. Sobald sich die Zutaten verbunden haben, die gemahlenen Zimtblüten einrühren.

4 Den Karamell lauwarm auf dem Teigboden verstreichen und 1 bis 2 Stunden ruhen lassen.

5 Kuvertüre grob hacken, schmelzen und temperieren (siehe S. 13). Gleichmäßig auf den Karamell streichen und fest werden lassen. Shortbread in 48 jeweils 5 x 2 cm große Stücke schneiden und nach Belieben mit je einer Haselnuss garnieren.

LOVE
XMAS

JÖDEKAGER (DÄNISCHE GEWÜRZPLÄTZCHEN)

Zubereitungszeit: 30 Min. | Kühlzeit: 1 Std. | Backzeit: ca. 12 Min.

Zutaten für ca. 50 Stück

Für den Teig:
350 g Mehl + Mehl für die Arbeitsfläche
190 g Margarine
100 g Ahornsirup
50 g Honig
½ EL Hirschhornsalz
Salz
etwas abgeriebene Bio-Zitronenschale
25 g gehackte Mandeln
je 1 Msp. gemahlener Kardamom, gemahlener Piment, Nelken- und Zimtpulver
1 Msp. Vanillemark
1 Msp. Ingwerpulver
1 Eiweiß

Außerdem:
ca. 100 g brauner Zucker

1 Für den Teig alle Zutaten in einer Schüssel mit den Händen zu einem glattten Teig verkneten. In zwei gleich große Portionen teilen und auf der bemehlten Arbeitsfläche jeweils zu zwei Stangen (3,5 cm ø) rollen. In Frischhaltefolie wickeln und 1 Stunde kühl stellen.

2 Den Backofen auf 180 °C vorheizen. Ein Backblech mit Backpapier belegen.

3 Die gekühlten Teigstangen dünn mit kaltem Wasser bestreichen und im braunen Zucker wälzen. Jede Stange in 4 mm dicke Scheiben schneiden und diese auf das Blech legen.

4 Die Kekse im Ofen auf der mittleren Schiene etwa 12 Minuten backen. Herausnehmen und auf einem Kuchengitter erkalten lassen.

Das Plus im Genuss

Probieren Sie zur Abwechslung mal folgende Variante: Vor dem Backen in jedes Plätzchen mit dem Kochlöffelstiel eine Mulde drücken und mit Konfitüre füllen. Sehr fein schmeckt z.B. eine Weihnachtskonfitüre.

FINNISCHE HAFERFLOCKENKEKSE

Zubereitungszeit: 30 Min. | *Backzeit: 10–12 Min.*

1 Für den Teig die Butter in einem Topf schmelzen und abkühlen lassen, sie sollte aber noch flüssig sein. Mit den übrigen Zutaten für den Teig in eine Schüssel geben und alles gründlich mit den Händen verkneten.

2 Den Backofen auf 180 °C vorheizen. Ein Backblech mit Backpapier belegen.

3 Mit einem Teelöffel von der Teigmasse walnussgroße Häufchen abstechen und mit ausreichend Abstand zueinander auf das Blech setzen, da die Plätzchen ein wenig verlaufen. Die Häufchen flach drücken.

4 Im Ofen auf der mittleren Schiene 10 bis 12 Minuten backen. Herausnehmen und erkalten lassen.

5 Die Nougatschokolade grob hacken, im heißen Wasserbad schmelzen und mit Zimt abschmecken. Je zwei ausgekühlte Haferflockenkekse mit etwas Schokolade zusammensetzen und fest werden lassen.

Zutaten für ca. 36 Stück

Für den Teig:
100 g Butter
125 g feine Haferflocken
50 g Mehl
150 g Zucker
2 Eier
1 Prise Salz
1 Msp. Vanillemark
1 Msp. abgeriebene Bio-Orangenschale

Außerdem:
200 g Nougatschokolade
etwas Zimtpulver

Im 7. Schokohimmel

Alternativ können Sie die Kekse auch mit weißer oder dunkler geschmolzener Schokolade zusammensetzen. Die Schokolade nach Belieben noch mit abgeriebener Bio-Zitronen- oder Bio-Orangenschale aromatisieren.

SCHWEDISCHE PFEFFERKUCHEN

Zubereitungszeit: 30 Min. | Kühlzeit: über Nacht | Backzeit: 5–8 Min.

Zutaten für ca. 60 Stück

Für den Teig:
120 g Kandisfarin
7 EL Karamellsirup
75 g Butter
Salz
1 TL Zimtpulver
1 TL gemahlener Ingwer
½ TL gemahlener Piment
1 Msp. gemahlener Kardamom
½ TL Nelkenpulver
1 Msp. Vanillemark
etwas abgeriebene Bio-Zitronenschale
220 g Mehl + Mehl für die Arbeitsfläche
1 TL Backpulver

1 Am Vortag für den Teig in einem Topf den Kandisfarin und den Karamellsirup mit 7 EL Wasser bei schwacher Hitze unter ständigem Rühren mit dem Kochlöffel aufkochen, bis sich der Zucker aufgelöst hat. Die Butter in Würfeln dazugeben und unter Rühren schmelzen. 1 Prise Salz und die übrigen Gewürze untermischen und alles gut verrühren.

2 Das Mehl mit dem Backpulver vermischen und in eine Schüssel sieben. Die flüssige Gewürzmasse mit einem Kochlöffel so lange unterrühren, bis eine glatte Masse entstanden ist.

3 Die Masse auf ein großes Stück Frischhaltefolie gießen, fest einwickeln und über Nacht kühl stellen.

4 Am nächsten Tag den Backofen auf 200 °C vorheizen. Ein Backblech mit Backpapier belegen. Den Teig in Portionen teilen und auf der großzügig (!) bemehlten Arbeitsfläche 2,5 mm dünn ausrollen. Mit Ausstechern in Herz- oder Sternform Pfefferkuchen ausstechen. Auf das Blech legen und im Ofen auf der mittleren Schiene 5 bis 8 Minuten backen. Dabei nicht aus den Augen lassen, denn die Plätzchen werden sehr schnell braun.

Süße Schwedenhappen

Elch und Dala-Pferdchen sind typisch schwedische Plätzchenformen. Zum Verschenken finden sie in kleinen Ställchen aus Packpapier Platz. Anleitungen, wie solche Schachteln gefaltet werden, finden Sie im Internet.

GEFÜLLTE JULPLÄTZCHEN AUS SCHWEDEN

Zubereitungszeit: 45 Min. | Kühlzeit: mind. 1 Std. (besser über Nacht) | Backzeit: 8–10 Min.

Zutaten für ca. 40 Stück

Für den Mürbeteig:
270 g Mehl + Mehl für die Arbeitsfläche
½ TL Backpulver
170 g weiche Butter
80 g Puderzucker
1 Msp. Vanillemark
etwas abgeriebene Bio-Zitronenschale
Salz
1 Eigelb

Für die Garnitur:
1 Eiweiß
100 g Hagelzucker
1–2 TL Zimtpulver

Außerdem:
200 g Himbeer- oder Heidelbeerkonfitüre

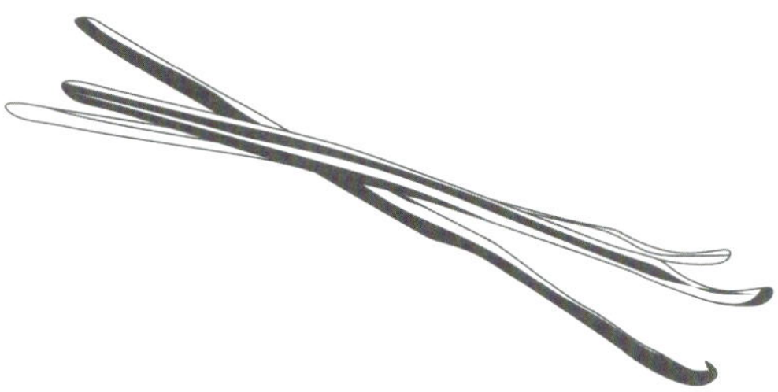

1 Für den Mürbeteig das Mehl und das Backpulver mischen und auf die Arbeitsfläche sieben. In die Mitte eine Mulde drücken. Die Butter in Stücken, Puderzucker, das Vanillemark, den Zitronenabrieb, 1 Prise Salz und das Eigelb in die Vertiefung geben. Alles mit den Händen rasch zu einem glatten Teig verkneten. Zu einem Rechteck formen, in Frischhaltefolie wickeln und mindestens 1 Stunde (besser über Nacht) kühl stellen.

2 Den Backofen auf 180 °C vorheizen. Ein Backblech mit Backpapier belegen. Den Teig auf der bemehlten Arbeitsfläche 3 mm dick ausrollen und mit einem runden Ausstecher mit Wellenrand (4 cm ø) Kreise ausstechen. Die Plätzchen auf das Backblech legen und aus der Hälfte der Plätzchen mit einem runden glatten Ausstecher (2 cm ø) ein Loch ausstechen.

3 Für die Garnitur das Eiweiß in einer Tasse verquirlen und die Plätzchen mit Loch dünn damit bestreichen. Sofort mit Hagelzucker bestreuen und mit etwas Zimt bestäuben.

4 Die Plätzchen im Ofen auf der mittleren Schiene 8 bis 10 Minuten goldbraun backen. Herausnehmen und auskühlen lassen.

5 Die Konfitüre glatt rühren. Immer ein Plätzchen mit Loch und ein Plätzchen ohne Loch mit etwas Konfitüre zusammensetzen und trocknen lassen.

ENGADINER NUSSBERGE

Zubereitungszeit: 1 Std. | *Kühlzeit: über Nacht* | *Backzeit: ca. 7 Min.*

1 Am Vortag für den Mürbeteig das Mehl auf die Arbeitsfläche sieben und in die Mitte eine Mulde drücken. Butter in Stücken, Puderzucker, Vanillemark, Zitronenabrieb, 1 Prise Salz und Eigelb in die Vertiefung geben. Alles mit den Händen rasch zu einem glatten Teig verkneten. Zu einem Rechteck formen, in Frischhaltefolie wickeln und über Nacht kühl stellen.

2 Am nächsten Tag den Mürbeteig auf der bemehlten Arbeitsfläche 3 mm dick ausrollen. Mit einem runden Förmchen mit Wellenrand (6 cm ø) Kreise ausstechen. Den Backofen auf 170 °C vorheizen.

3 Eine Mini-Muffinform (4,5 cm ø) einfetten und mit Mehl ausstäuben, dann mit den Teigkreisen auslegen. Eine Pralinenpapierkapsel in jede Vertiefung legen und den Teig im Ofen auf der mittleren Schiene 5 Minuten blind backen. Die Papierkapseln herausnehmen und die Teigschälchen weitere 2 Minuten backen. Herausnehmen und auskühlen lassen. Die Teigschälchen aus den Formen lösen und leicht mit Puderzucker bestäuben.

4 Für die Füllung den Zucker in einer Pfanne karamellisieren (siehe S. 17). Wenn er schön goldgelb ist, die lauwarme Sahne portionsweise unter den Karamell rühren. Den Honig, das Vanillemark und den Zitronenabrieb hinzugeben und unter ständigem Rühren auf etwa 105 °C erhitzen (mit dem Zuckerthermometer messen).

5 Wenn die Masse gleichmäßig braun ist (Vorsicht, das geht auf einmal sehr schnell!), die Nüsse und die Rosinen mit dem Sternanis untermischen.

6 Die Nuss-Rosinen-Masse mit zwei Teelöffeln gleichmäßig auf die Mürbeteigschalen verteilen und fest werden lassen.

Zutaten für ca. 24 Stück

Für den Mürbeteig:
200 g Mehl + Mehl für die Arbeitsfläche
140 g weiche Butter
60 g Puderzucker
1 Msp. Vanillemark
1 Msp. abgeriebene Bio-Zitronenschale
Salz • 1 Eigelb

Für die Füllung:
30 g Zucker
200 g Sahne
20 g Honig
1 Msp. Vanillemark
etwas abgeriebene Bio-Zitronenschale
250 g leicht geröstete Nüsse (Haselnüsse, Mandeln, Cashewkerne, gesalzene Macadamianüsse, Walnüsse, Pistazienkerne)
30 g Rosinen
1 Msp. gemahlener Sternanis

Außerdem:
Fett und Mehl für die Formen
Puderzucker zu Bestäuben

BIBERLE (SCHWEIZER MARZIPANPLÄTZCHEN)

Zubereitungszeit: 90 Min. | Kühlzeit: mind. 1 Std. (besser über Nacht) + 1–2 Std. | Backzeit: 15–20 Min.

Zutaten für ca. 40 Stück

Für den Lebkuchenteig:
150 g Honig
75 g Zucker
30 g Butter • 1 Ei
½ TL abgeriebene Bio-Orangenschale
1 Msp. Vanillemark
Salz • 1 TL Kakaopulver
1 TL Lebkuchengewürz
220 g Mehl + Mehl für die Arbeitsfläche
1 TL Backpulver

Für die Füllung:
300 g Marzipanrohmasse
75 g Puderzucker + Puderzucker für die Arbeitsfläche
abgeriebene Schale von 1 Bio-Zitrone
Saft von ½ Zitrone
1 Msp. Vanillemark

Für die Glasur:
75 g Puderzucker
2–3 EL Zitronensaft

1 Für den Lebkuchenteig den Honig mit dem Zucker und der Butter in einem Topf so lange unter Rühren erhitzen, bis sich der Zucker aufgelöst hat. Vom Herd nehmen und etwas abkühlen lassen.

2 Das Ei trennen und das Eiweiß zugedeckt kühl stellen. Das Eigelb, den Orangenabrieb, das Vanillemark, 1 Prise Salz, das Kakaopulver und das Lebkuchengewürz unter die Honigmischung rühren.

3 Das Mehl mit dem Backpulver mischen. Über die Honigmasse sieben und alles rasch zu einem glatten Teig verkneten. Zu einem Rechteck formen, in Frischhaltefolie wickeln und mindestens 1 Stunde (besser über Nacht) kühl stellen.

4 Inzwischen für die Füllung das Marzipan in einer Schüssel zerkleinern und mit Puderzucker und Gewürzen verkneten.

5 Den Lebkuchenteig in vier gleich große Portionen teilen. Jede Portion auf der bemehlten Arbeitsfläche zu einem 8 x 24 cm großen Rechteck ausrollen. Die Teigränder mit dem beiseitegestellten Eiweiß bestreichen.

6 Die Marzipanfüllung ebenfalls vierteln. Auf der leicht mit Puderzucker bestäubten Arbeitsfläche jeweils zu einer 24 cm langen Stange rollen. Jede Stange leicht mit kaltem Wasser bestreichen, auf ein Teigrechteck legen und fest in den Teig einrollen. Dann 1 bis 2 Stunden kühl stellen.

7 Den Backofen auf 160 °C (Umluft) vorheizen. Ein Backblech mit Backpapier belegen. Die Teigrollen in insgesamt 40 trapezförmige Stücke schneiden. Auf das Backblech legen und im Ofen auf der mittleren Schiene 15 bis 20 Minuten backen. Herausnehmen und auskühlen lassen.

8 Für die Glasur Puderzucker mit Zitronensaft glatt rühren. Die Biberle damit bestreichen und trocknen lassen.

BELGISCHE KARAMELLKEKSE

Zubereitungszeit: 30 Min. | Kühlzeit: über Nacht | Backzeit: 7–8 Min.

Zutaten für ca. 70 Stück

Für den Teig:
150 ml Karamellsirup
100 g weiche Butter
Salz
½ TL Zimtpulver
1 Msp. Vanillemark
abgeriebene Schale von ½ Bio-Orange
225 g Mehl + Mehl für die Arbeitsfläche
1 TL Backpulver

Außerdem:
etwas brauner Zucker zum Bestreuen

1 Am Vortag den Sirup, die weiche Butter, 1 Prise Salz, das Zimtpulver, das Vanillemark und den Orangenabrieb in einer Schüssel mit den Quirlen des Handrührgeräts schaumig rühren.

2 Das Mehl mit dem Backpulver darübersieben und alles mit den Händen zu einem glatten Teig kneten. Zu einem Rechteck formen, in Frischhaltefolie wickeln und über Nacht kühl stellen.

3 Am nächsten Tag den Backofen auf 190 °C vorheizen. Ein Backblech mit Backpapier belegen. Den Teig auf der bemehlten Arbeitsfläche 3 bis 4 mm dick ausrollen und mit einem Ausstecher (3,5 cm ø) Kreise ausstechen.

4 Die Kreise auf das Blech legen, mit einer Gabel ein Muster eindrücken und leicht mit braunem Zucker bestreuen. Kekse im Ofen auf der mittleren Schiene 7 bis 8 Minuten goldbraun backen.

Hübsch (ab)gestempelt

Zur Abwechslung können Sie in die Kekse mit speziellen Plätzchenstempeln Muster oder Beschriftungen eindrücken.

Und mit etwas Lebkuchengewürz verleihen Sie den Keksen eine besonders weihnachtliche Note.

HOLLÄNDISCHE WEIHNACHTSPLÄTZCHEN

Zubereitungszeit: 90 Min. | *Kühlzeit: mind. 1 Std. (besser über Nacht)* | *Backzeit: ca. 10 Min.*

1 Für den Mürbeteig das Mehl auf die Arbeitsfläche sieben und in die Mitte eine Mulde drücken. Butter in Stücken, Speisestärke, Puderzucker, Vanillemark, Orangenabrieb, 1 Prise Salz und das Eigelb in die Vertiefung geben. Alles mit den Händen rasch zu einem glatten Teig verkneten. Zu einem Rechteck formen, in Frischhaltefolie wickeln und mindestens 1 Stunde (besser über Nacht) kühl stellen.

2 Inzwischen für die Marzipansterne das Marzipan auf der Küchenreibe grob reiben und mit dem Puderzucker verkneten. Auf der mit Puderzucker bestäubten Arbeitsfläche etwa 2,5 mm dick ausrollen. Insgesamt etwa 50 Sterne (4,5 cm Seitenlänge) ausstechen, dabei das Förmchen immer wieder in den Schnaps tauchen, damit das Marzipan nicht daran kleben bleibt. Die Marzipansterne auf einen Bogen Backpapier legen und beiseitestellen.

3 Den Backofen auf 180 °C vorheizen. Ein Backblech mit Backpapier belegen. Den Mürbeteig auf der bemehlten Arbeitsfläche etwa 2,5 mm dick ausrollen und ebenfalls etwa 50 Sterne (4,5 cm Seitenlänge) ausstechen. Im Ofen auf der mittleren Schiene etwa 10 Minuten backen. Herausnehmen und auskühlen lassen.

4 Die Orangenmarmelade durch ein Sieb streichen. Die Plätzchen damit bestreichen und mit den Marzipansternen belegen. Die dunkle Kuvertüre grob hacken, schmelzen und temperieren (siehe S. 13).

5 Die Sterne mit Kuvertüre überziehen oder tauchen (siehe S. 13) und die Schokolade fest werden lassen. Die weiße Kuvertüre ebenfalls temperieren und mit einem selbst gefalteten Papierspritzbeutel (siehe S. 15) ein feines Gitternetz auf die Plätzchen „spinnen" (Foto siehe Cover).

Zutaten für ca. 50 Stück

Für den Mürbeteig:
85 g Mehl + Mehl für die Arbeitsfläche
60 g weiche Butter
35 g Speisestärke
35 g Puderzucker
1 Msp. Vanillemark
etwas abgeriebene Bio-Orangenschale
Salz
1 Eigelb

Für die Marzipansterne:
200 g Marzipanrohmasse
50 g Puderzucker + Puderzucker für die Arbeitsfläche
50 g Orangenmarmelade

Außerdem:
Kirschschnaps zum Tauchen der Förmchen
150 g dunkle Kuvertüre
100 g weiße Kuvertüre

UNGARISCHE NUSSKIPFERL

Zubereitungszeit: 90 Min. | Kühlzeit: 1 Std. | Backzeit: 10–12 Min.

Zutaten für ca. 24 Stück

Für den Teig:
130 g Mehl + Mehl für die Arbeitsfläche
2 TL Zucker
Salz
1 Msp. Vanillemark
1 Msp. abgeriebene Bio-Zitronenschale
7 g frische Hefe
2 EL Milch
1 Eigelb
80 g weiche Butter

Für die Füllung:
1 Eiweiß
Salz
80 g Zucker
30 g gemahlene Haselnüsse
1 Msp. Zimtpulver
1 Msp. Vanillemark

Außerdem:
1 Eigelb
2 EL Milch
3 EL gehackte Haselnüsse

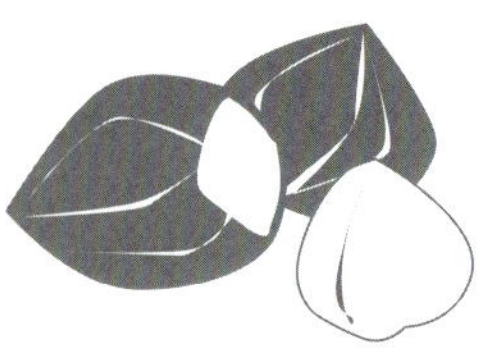

1 Für den Teig Mehl, Zucker, Salz, Vanillemark und Zitronenabrieb in einer Schüssel mischen und die Hefe hinzufügen. Mit der Milch und dem Eigelb verrühren. Die weiche Butter zu der Teigmischung geben und alles mit den Knethaken des Handrührgeräts zu einem glatten, geschmeidigen Teig verkneten. In Frischhaltefolie wickeln und 1 Stunde kühl stellen.

2 Inzwischen für die Füllung das Eiweiß mit 1 Prise Salz in einer Schüssel mit den Quirlen des Handrührgeräts steif schlagen. Dabei nach und nach den Zucker einrieseln lassen. Die Nüsse mit dem Zimt und dem Vanillemark mischen und unter den Eischnee heben.

3 Den Backofen auf 180 °C vorheizen. Ein Backblech mit Backpapier belegen. Den Teig auf der bemehlten Arbeitsfläche zu einem 25 x 30 cm großen Rechteck ausrollen. Mit der Nussmasse gleichmäßig bis zum Rand bestreichen.

4 Die beiden Längsseiten jeweils zweimal zur Mitte hin einschlagen und den Teig in der Mitte durchschneiden (es entstehen zwei je dreilagige Streifen). Aus den Streifen von einer Schmalseite aus beginnend mit einem runden Ausstechförmchen (5 cm ø) Halbmonde ausstechen (siehe S. 80/81) und auf das Backblech legen.

5 In einer Tasse das Eigelb mit der Milch verquirlen und die Halbmonde mit der Eiermilch bestreichen. Die Kipferl mit den gehackten Nüssen bestreuen und im Ofen auf der mittleren Schiene 10 bis 12 Minuten goldbraun backen. Herausnehmen und abkühlen lassen.

RUSSISCHE BUCHSTABENKEKSE

Zubereitungszeit: 30 Min. | *Backzeit: 8–10 Min.*

Zutaten für ca. 50 Stück

2 Eiweiß
Salz
150 g Puderzucker
100 g Mehl
15 g Kakaopulver
1 Msp. Vanillemark
1 Msp. Zimtpulver
1 Msp. gemahlener Kardamom

1 Den Backofen auf 190 °C vorheizen. Ein Backblech mit Backpapier belegen. Die Eiweiße, 1 Prise Salz und den Puderzucker in einer Rührschüssel mit den Quirlen des Handrührgeräts cremig (nicht zu steif) schlagen.

2 Das Mehl mit dem Kakaopulver mischen. Mit den Gewürzen unter die Eischneemasse ziehen.

3 Den Teig in einen Spritzbeutel mit mittlerer Lochtülle füllen und damit Buchstaben auf das Backblech spritzen (Tipps zum Umgang mit dem Spritzbeutel finden Sie auf S. 15). Die Kekse im Ofen auf der mittleren Schiene 8 bis 10 Minuten backen.

4 Die Kekse aus dem Backofen nehmen und auf dem Blech vollständig auskühlen lassen. Die Buchstaben erst dann vorsichtig vom Backpapier lösen.

Essbare Tischdeko

Die Buchstabenkekse lassen sich bei der Dekoration wunderbar einsetzen, etwa um die Namen der Gäste oder kleine Weihnachtsbotschaften auf Teller oder Servietten zu „schreiben".

FROHES
FROHES
FEST

CALISSONS (FRANZÖSISCHES MANDELKONFEKT)

Zubereitungszeit: 1 Std. | Trockenzeit: über Nacht

Zutaten für ca. 25 Stück

Für die Mandelmasse:
100 g Mandelpuder
70 g Puderzucker
60 g kandierte Melone
20 g kandierte Ananas
20 g kandierte Orange
10 g kandierte Zitrone
1 TL Orangenblütenwasser
1 Tropfen Bittermandelöl

Für die Zitronenglasur:
1 frisches Eiweiß
250 g Puderzucker
2–3 EL Zitronensaft

Außerdem:
2 dünne, rechteckige Oblaten (10 x 15 cm)
Kirschwasser zum Tauchen der Förmchen

1 Am Vortag für die Mandelmasse alle Zutaten in den Küchenmixer geben und so lange mixen, bis eine gleichmäßige, marzipanähnliche Paste entsteht.

2 Die Paste etwa 8 mm dick auf den Oblaten glatt verstreichen. Über Nacht zugedeckt trocknen lassen.

3 Am nächsten Tag mit einem Calissons-Ausstecher die typischen Elipsen ausstechen. Das Förmchen zwischendurch immer wieder in Kirschwasser tauchen, damit die Masse nicht daran kleben bleibt.

4 Für die Zitronenglasur Eiweiß, Puderzucker und Zitronensaft in einer hohen Rührschüssel mit den Quirlen des Handrührgeräts bei niedriger Stufe 4 bis 5 Minuten zu einer steifen, weiß-glänzenden Glasur verrühren (siehe S. 14). Nach Belieben einen Teil der Glasur tropfenweise mit Lebensmittelfarben einfärben.

5 Die Calissons dick mit der Zitronenglasur bestreichen und trocknen lassen.

Perfekt in Form

Die Calissons am besten auf einem Schneidebrett ausstechen. Mit einem Messerrücken auf das Förmchen klopfen, um die Oblate zu durchtrennen. Wer kein Calissons-Förmchen hat, sticht runde Formen aus oder schneidet mit dem Messer Rauten zu.

LAVENDEL-BEEREN-SABLÉS

Zubereitungszeit: 30 Min. | Kühlzeit: mind. 3–4 Std. (besser über Nacht) | Backzeit: 8–10 Min.

Zutaten für ca. 70 Stück

Für den Mürbeteig:
50 g getrocknete Beerenmischung
200 g Dinkelweißmehl + Mehl für die Arbeitsfläche
140 g weiche Butter
70 g Zucker • Salz
1 Msp. Vanillemark
2–3 Tropfen Lavendelöl
1 Msp. abgeriebene Bio-Zitronenschale

Für die Garnitur:
ca. 150 g Aprikosenkonfitüre
Lavendelblüten zum Bestreuen

1 Für den Mürbeteig die getrockneten Beeren fein hacken. Das Mehl auf die Arbeitsfläche sieben. In die Mitte eine Mulde drücken. Butter in Stücken, Zucker, 1 Prise Salz, Vanillemark, Lavendelöl, gehackte Beeren und Zitronenabrieb in die Vertiefung geben. Alles mit den Händen rasch zu einem glatten Teig verkneten, in Frischhaltefolie wickeln und mindestens 1 Stunde kühl stellen.

2 Dann den Teig kurz durchkneten und zu einem 2 x 8 cm großen Rechteck formen. Dieses erneut 2 bis 3 Stunden (besser über Nacht) kühl stellen.

3 Den Backofen auf 200 °C vorheizen. Ein Backblech mit Backpapier belegen. Das Teigrechteck in zwei gleich große Stangen schneiden, dann jede Stange in 3 bis 4 mm dicke Scheiben. Auf das Backblech legen und im Ofen auf der mittleren Schiene 8 bis 10 Minuten goldbraun backen. Herausnehmen und abkühlen lassen.

4 Die Lavendel-Beeren-Sablés jeweils mit einem Tupfen glatt gerührter Aprikosenkonfitüre verzieren und mit Lavendelblüten bestreuen.

AMERIKANISCHE COOKIES „FLORENTIN"

Zubereitungszeit: 1 Std. | Backzeit: 10–12 Min.

Zutaten für ca. 50 Stück

Für den Rührteig:
100 g weiche Butter
40 g Puderzucker
1 Eigelb
1 Prise Salz
1 Msp. Vanillemark
1 Msp. abgeriebene Bio-Zitronenschale
130 g Mehl
1 Msp. Natron

Für die Florentinermasse:
20 g Butter
50 g Zucker
30 g Honig
35 g Mandelblättchen
15 g Mandelstifte
20 g Soft-Cranberrys
Salz
1 Msp. Vanillemark
1 Msp. abgeriebene Bio-Zitronenschale

Außerdem:
Puderzucker zum Bestäuben

1 Für den Rührteig die weiche Butter mit dem Puderzucker in einer Rührschüssel mit den Quirlen des Handrührgeräts leicht schaumig rühren. Das Eigelb und die Gewürze unterrühren. Das Mehl mit dem Natron mischen und unter den Teig ziehen.

2 Ein Backblech mit Backpapier belegen. Den Teig portionsweise in einen Spritzbeutel mit mittlerer Lochtülle füllen und etwa 3 cm große Tupfen auf das Backblech spritzen.

3 Für die Florentinermasse die Butter, den Zucker und den Honig in einem kleinen Topf unter Rühren kurz kochen lassen. Den Topf vom Herd nehmen. Die Mandelblättchen mit der Hand etwas zerbrechen und mit den Mandelstiften, den Cranberrys, 1 Prise Salz, dem Vanillemark und dem Zitronenabrieb sorgfältig unter die heiße Honigmasse rühren.

4 Den Backofen auf 170 °C vorheizen. Mit einem Teelöffel haselnussgroße Häufchen von der Florentinermasse abstechen und auf die Cookies setzen. Leicht eindrücken und die Plätzchen im Ofen auf der mittleren Schiene 10 bis 12 Minuten backen.

5 Die Florentiner-Cookies aus dem Ofen nehmen und noch warm leicht mit Puderzucker bestäuben.

SEVILLANAS (SPANISCHE MÜRBETEIGPLÄTZCHEN)

Zubereitungszeit: 45 Min. | *Kühlzeit: mind. 1 Std. (besser über Nacht)* | *Backzeit: 10–12 Min.*

Zutaten für ca. 50 Stück

Für den Mürbeteig:
125 g Mehl + Mehl für die Arbeitsfläche
½ TL Backpulver
50 g Puderzucker
90 g weiche Butter
1 Msp. Vanillemark
Salz
1 Eigelb
1 TL abgeriebene Bio-Zitronenschale
1 TL abgeriebene Bio-Orangenschale
1 TL abgeriebene Bio-Limettenschale
Lebensmittelfarben in Gelb, Orange und Grün

Für die Puderzuckerglasur:
60 g Puderzucker
1 EL Zitronensaft (oder Orangen- oder Limettensaft)

Für die Eiweißspritzglasur:
½ frisches Eiweiß
125 g Puderzucker
1 TL Zitronensaft

1 Für den Mürbeteig Mehl, Backpulver und Puderzucker auf die Arbeitsfläche sieben, in die Mitte eine Mulde hineindrücken. Butter in Stücken, Vanillemark, 1 Prise Salz und Eigelb in die Vertiefung geben. Alles rasch mit den Händen zu einem glatten Teig verkneten. In Frischhaltefolie wickeln und mindestens 1 Stunde (besser über Nacht) kühl stellen.

2 Den Backofen auf 160 °C vorheizen. Ein Backblech mit Backpapier belegen. Den Teig in drei gleich große Portionen teilen. Unter eine Portion den Zitronenabrieb und tropfenweise gelbe Lebensmittelfarbe kneten, unter die zweite Portion den Orangenabrieb und Lebensmittelfarbe in Orange und unter die dritte den Limettenabrieb und Lebensmittelfarbe in Grün kneten.

3 Die Teige nacheinander auf der bemehlten Arbeitsfläche 3 mm dick ausrollen. Mit einem runden Ausstechförmchen mit gewelltem oder glattem Rand (3,5 cm ø) Kreise ausstechen. Auf das Backlech legen und im Ofen auf der mittleren Schiene 10 bis 12 Minuten backen. Herausnehmen und abkühlen lassen.

4 Für die Puderzuckerglasur den Puderzucker mit dem Zitronensaft glatt rühren.

5 Für die Eiweißspritzlasur Eiweiß, Puderzucker und Zitronensaft in einer hohen Rührschüssel mit den Quirlen des Handrührgeräts bei niedriger Stufe 4 bis 5 Minuten zu einer steifen, weiß-glänzenden Glasur verrühren (siehe S. 14).

6 Einen Teil der Plätzchen mit Puderzuckerglasur bestreichen. Für die übrigen Plätzchen die Eiweißspritzglasur in eine selbst gefaltete Papiertüte (siehe S. 15) geben und damit Linien oder Ornamente aufspritzen. Die Sevillanas nach Belieben mit Zuckerperlen verzieren.

Soyez pur, et vous aurez
la foi et l'amour

PANELLETS (SPANISCHE KARTOFFEL-MANDEL-KEKSE)

Zubereitungszeit: 45 Min. | Backzeit: 10–12 Min.

Zutaten für ca. 50 Stück

Für den Teig:
100 g mehligkochende Kartoffeln
250 g gemahlene Mandeln
180 g Puderzucker
1 Msp. Vanillemark
½ TL abgeriebene Bio-Zitronenschale
3 EL Milch

Für die Garnitur:
3–4 EL Himbeer- oder Aprikosenkonfitüre

Gut zu wissen

Die Kekse im Kühlschrank aufbewahren. Sie sind 3 bis 4 Tage haltbar.

Die Kekse werden vegan, wenn Sie die Milch durch Soja- oder Mandelmilch ersetzen.

1 Für den Teig die Kartoffeln waschen und mit Schale in Wasser etwa 20 Minuten garen. Abgießen, ausdampfen lassen und pellen. Noch heiß durch die Kartoffelpresse in eine Schüssel drücken. Abkühlen lassen.

2 Die Kartoffeln mit den Mandeln, dem Puderzucker, dem Vanillemark und dem Zitronenabrieb mit den Händen zu einem glatten Teig verarbeiten. Ein Backblech mit Backpapier belegen.

3 Den Teig in zwei gleich große Portionen teilen und jede Hälfte zu einer etwa 50 cm langen Stange rollen. Die Stangen in 2 cm große Stücke schneiden. Jedes Stück zu einem etwa 1 cm dicken und 2 cm langen Röllchen formen und auf das Blech lagen. Jeweils in die Mitte mit einem Messerrücken eine längliche Vertiefung eindrücken, dann vorsichtig mit Milch bestreichen (es darf jedoch keine Milch in die Vertiefung gelangen).

4 Den Backofen auf 170 °C vorheizen. Die Konfitüre glatt rühren und in die Vertiefungen füllen. Die Kekse im Ofen auf der mittleren Schiene 10 bis 12 Minuten backen. Herausnehmen und nach Belieben noch warm mit Puderzucker bestäuben.

ESQUECIDOS (PORTUGIESISCHE KEKSE)

Zubereitungszeit: 30 Min. | Backzeit: 12–15 Min.

Zutaten für ca. 20 Stück

4 Eier
250 g Zucker
Salz
1 Msp. Vanillemark
etwas abgeriebene Bio-Orangenschale
250 g Mehl
1 Msp. Anispulver

1 Die Eier mit einem Rührbesen in einer Schüssel aufschlagen. Den Zucker, 1 Prise Salz, das Vanillemark und den Orangenabrieb hinzugeben und alle Zutaten von Hand zu einer schönen dicken Schaummasse schlagen. Der Zucker muss sich komplett aufgelöst haben.

2 Das Mehl mit dem Anis mischen und über die Schaummasse sieben. Vorsichtig unterheben.

3 Den Backofen auf 180 °C vorheizen. Ein Backblech mit Backpapier belegen. Den Teig in einen Spritzbeutel mit Lochtülle füllen (siehe auch S. 15) und etwa handtellergroße, dünne Kreise auf das Backblech spritzen. Es passen etwa sechs Stück auf ein Backblech.

4 Die Kekse nach Belieben mit Mandelblättchen bestreuen und im heißen Ofen auf der mittleren Schiene 12 bis 15 Minuten goldbraun backen. Vom Blech ziehen und auskühlen lassen.

Kekse mit Biss

Nach Belieben können Sie die Kekse vor dem Backen noch mit Mandelblättchen bestreuen – das macht sie etwas knackiger. Wer kein Fan von Anis ist, nimmt stattdessen Lebkuchengewürz oder Zimtpulver.

CITRONELLI (ITALIENISCHE ZITRONENTALER)

Zubereitungszeit: 45 Min. | Kühlzeit: mind. 1 Std. (besser über Nacht) | Backzeit: 8–12 Min.

Zutaten für ca. 30 Stück

Für den Mürbeteig:
170 g Mehl + Mehl für die Arbeitsfläche
75 g weiche Butter
65 g Puderzucker
1 Msp. Vanillemark
Salz
1 TL abgeriebene Bio-Zitronenschale
1 Ei

Für die Füllung:
2–3 EL Lemon Curd (Fertigprodukt)

Außerdem:
Puderzucker zum Bestäuben

1 Für den Mürbeteig das Mehl auf die Arbeitsfläche sieben und in die Mitte eine Mulde drücken. Butter in Stücken, Puderzucker, Vanillemark, 1 Prise Salz, Zitronenabrieb und das Ei die Vertiefung geben. Alles mit den Händen rasch zu einem glatten Teig verkneten. Zu einem Rechteck formen, in Frischhaltefolie wickeln und mindestens 1 Stunde (besser über Nacht) kühl stellen.

2 Den Backofen auf 170 °C vorheizen. Ein Backblech mit Backpapier belegen. Von dem Teig auf der bemehlten Arbeitsfläche kleine Portionen abnehmen und zwischen den Handflächen zu etwa 3 cm große „Zitronen" rollen. Auf das Backblech legen. Mit einem Teelöffel jeweils eine kleine Vertiefung in die Mitte drücken und mit etwas Lemon Curd füllen.

3 Die Citronelli im Ofen auf der mittleren Schiene 8 bis 12 Minuten backen. Herausnehmen, noch warm mit Puderzucker bestäuben und auf einem Kuchengitter auskühlen lassen.

Besondere Bonbons

Kleine Überraschung für Kaffeegäste oder als süßes Mitbringsel: Die Zitronentaler einzeln in quadratisch zugeschnittene Stücke Packpapier wickeln, die Enden wie bei Bonbons verdrehen. Mit Klebesternen verzieren.

BRUTTI E BUONI AL CIOCCOLATO
PRODOTTO IN ITALIA DA:

PINIENKERNKUGELN MIT APRIKOSEN

Zubereitungszeit: 30 Min. | Backzeit: 15–17 Min.

Zutaten für ca. 40 Stück

Für den Teig:
125 g Mehl + Mehl für die Arbeitsfläche
½ TL Trockenhefe
Salz
5 EL Olivenöl
4 EL Sherry (Medium Dry)
je 1 Msp. abgeriebene Bio-Orangen- und Bio-Zitronenschale
50 g geröstete Pinienkerne
50 g Soft-Aprikosen
50 g Puderzucker
1 Msp. Vanillemark

Außerdem:
3–4 EL Puderzucker
5 Soft-Aprikosen

1 Für den Teig das Mehl mit der Trockenhefe und 1 Prise Salz vermischen. Das Olivenöl und den Sherry in einem kleinen Topf sanft erwärmen und mit dem Orangen- und Zitronenabrieb sowie dem Vanillemark zur Mehlmischung geben. Alle Zutaten gut verkneten.

2 Die Pinienkerne in einer beschichteten Pfanne ohne Fett anrösten. Die Soft-Aprikosen in kleine Würfel schneiden. Beides mit dem Puderzucker unter den Teig kneten.

3 Den Backofen auf 160 °C vorheizen. Ein Backblech mit Backpapier belegen. Den Teig in zwei gleich große Portionen teilen und jede Hälfte auf der bemehlten Arbeitsfläche zu einer etwa 40 cm langen Stange rollen. Von den Stangen jeweils 2 cm große Stücke abschneiden und diese zwischen den Handflächen zu walnussgroßen Kugeln formen.

4 Die Kugeln auf das Backblech setzen und im Ofen auf der mittleren Schiene 15 bis 17 Minuten goldbraun backen. Herausnehmen und noch warm leicht mit der Hälfte des Puderzuckers bestäuben.

5 Die ganzen Soft-Aprikosen quer durchschneiden, flach auslegen und mit einem Mini-Ausstechförmchen kleine Sterne ausstechen. Die Pinienkugeln mit dem übrigen Puderzucker bestäuben und mit den Aprikosensternen verzieren.

ANNA

CANTUCCINI MIT MANDELN UND PISTAZIEN

Zubereitungszeit: 45 Min. | *Backzeit: ca. 27–30 Min.*

Zutaten für ca. 40 Stück

Für den Teig:
250 g Mehl + Mehl für die Arbeitsfläche
180 g feinster Zucker
1 TL Backpulver
2 Eier
50 g weiche Butter
Salz
1 Msp. Vanillemark
etwas abgeriebene Bio-Zitronenschale

Für die Füllung:
50 g ganze Mandeln
1 EL Kakaopulver
¼ TL Zimtpulver
20 g Soft-Cranberrys
20 g Pistazienkerne
¼ TL gemahlener Kardamom

Außerdem:
1 Eigelb
2–3 EL Milch

1 Für den Teig das Mehl, den Zucker und das Backpulver vermischen. Die Eier, die Butter, 1 Prise Salz, den Zitronenabrieb und das Vanillemark dazugeben und alle Zutaten zu einem glatten Teig verkneten. Er soll weich sein, aber nicht klebrig. Bei Bedarf noch etwas Mehl unterkneten.

2 Den Teig teilen und unter eine Hälfte die Mandeln, das Kakaopulver und das Zimtpulver kneten. Unter die andere Teighälfte die Cranberrys, die Pistazien und den Kardamom kneten. Den Backofen auf 170 °C vorheizen.

3 Die Teighälften erneut teilen und jeweils zu 2 cm dicken und etwa 40 cm langen Stangen rollen. Jeweils zwei verschiedene Stränge miteinander verdrehen (40 x 4 cm).

4 Teigstränge auf ein mit Backpapier belegtes Backblech legen. Das Eigelb mit der Milch verquirlen und die Teigstränge damit dünn bespinseln. Im Ofen auf der mittleren Schiene 15 Minuten backen.

5 Die Stangen auskühlen lassen und in 2 cm dicke Scheiben schneiden. Flach zurück auf das Backblech legen und bei 150 °C weitere 12 bis 15 Minuten backen.

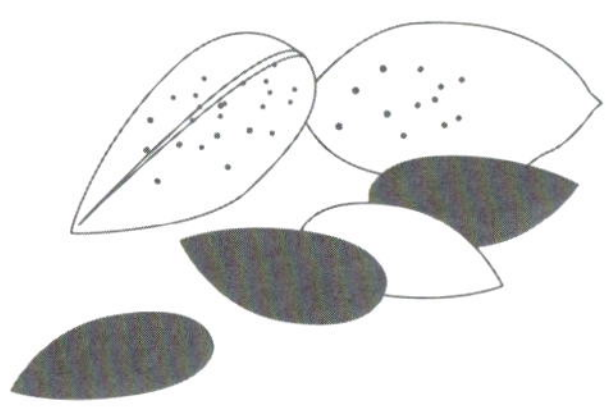

ORIENTALISCHE SESAMRINGE MIT CURRY

Zubereitungszeit: 1 Std. | Kühlzeit: mind. 1 Std. (besser über Nacht) | Backzeit: 8–10 Min.

1 Für den Mürbeteig den Ingwer fein hacken und mit dem Currypulver und den Mandeln mischen. Das Mehl mit dem Backpulver auf die Arbeitsfläche sieben und eine Mulde in die Mitte drücken. Ingwer-Curry-Mandel-Mischung, Butter in Stücken, Zucker, Ei, 1 Prise Salz und Gewürze in die Vertiefung geben. Alles mit den Händen rasch zu einem glatten Teig verkneten. In Frischhaltefolie wickeln und mindestens 1 Stunde (besser über Nacht) kühl stellen.

2 Backofen auf 170 °C vorheizen. Ein Backblech mit Backpapier belegen. Den Teig auf der bemehlten Arbeitsfläche 3 mm dick ausrollen und mit einem runden Ausstecher (4 cm ø) Kreise ausstechen. Aus der Hälfte der Plätzchen mit einem passenden Förmchen mittig ein Loch (1,5 cm ø) ausstechen.

3 Das Eigelb und die Milch in einer Tasse verrühren. Die Hälfte der Plätzchen mit der Eiermilch bestreichen. Den Sesam auf einen Teller geben und die Plätzchen sofort mit der Oberseite hineindrücken.

4 Die Plätzchen auf das Backblech legen und im Ofen auf der mittleren Schiene 8 bis 10 Minuten backen. Herausnehmen und abkühlen lassen. Die Konfitüre glatt rühren und immer ein Plätzchen mit Loch und ein Plätzchen ohne Loch mit etwas Konfitüre zusammensetzen.

Zutaten für ca. 45 Stück

Für den Mürbeteig:
20 g kandierter Ingwer
2 gestr. TL Currypulver
100 g gemahlene weiße Mandeln
170 g Weizenmehl + Mehl für die Arbeitsfläche
½ gestr. TL Backpulver
100 g Butter
120 g feiner brauner Zucker
1 Ei • Salz
1 Msp. abgeriebene Bio-Zitronenschale
1 Msp. Vanillemark

Außerdem:
1 Eigelb
3 EL Milch
100 g helle Sesamsamen
3–4 EL Aprikosenkonfitüre

Vegan naschen

Ersetzen Sie die Butter durch vegane Margarine und das Ei durch 1 EL weißes Mandelmus (Bioladen).

Wer mag, kann den Sesam auch trocken in einer Pfanne rösten, bevor die Plätzchen hineingedrückt werden.

UN KURABIYE (TÜRKISCHES TEEGEBÄCK)

Zubereitungszeit: 45 Min. | Backzeit: 15–20 Min.

Zutaten für 30–35 Stück

Für den Teig:
125 g Butter
60 g Puderzucker
Salz
1 Msp. Vanillemark
½ TL abgeriebene Bio-Zitronenschale
200 g Mehl
1 Msp. Backpulver
1 EL Kakaopulver

Außerdem:
Puderzucker zum Bestäuben

So wird's vegan

Für eine vegane Variante die Butter durch vegane Margarine ersetzen. Margarine braucht im Gegensatz zur Butter nicht geklärt werden, sodass dieser Arbeitsschritt entfällt.

1 Für den Teig die Butter klären. Hierzu die Butter in einem kleinen Topf bei schwacher Hitze schmelzen. Den dabei entstehenden Schaum mit einem Löffel abschöpfen. Das Butterfett vorsichtig abgießen, sodass der milchige Bodensatz im Topf zurückbleibt. Das Butterfett abkühlen lassen, es soll aber noch flüssig sein.

2 Die flüssige Butter mit dem Puderzucker vermischen. 1 Prise Salz, das Vanillemark und den Zitronenabrieb unterrühren.

3 Das Mehl und das Backpulver mischen und sieben. Ebenfalls unter die Butter-Zucker-Mischung kneten. So lange kneten, bis der Teig gut bindet. Den Teig in drei gleich große Portionen teilen. Ein Drittel mit dem Kakaopulver verkneten.

4 Den Backofen auf 180 °C vorheizen. Ein Backblech mit Backpapier belegen. Von einem hellen Teigdrittel walnussgroße Stücke abzupfen und daraus zwischen den Handflächen Kugeln formen. Mit der Hand flach drücken und auf das Backblech legen. Mit den Zinken einer Gabel ein Muster eindrücken.

5 Aus den übrigen Teigdritteln Blumen formen. Dazu pro Blume jeweils sechs haselnussgroße helle und dunkle Kugeln (jeweils 4 g) rollen und auf dem Blech zu Blumen zusammensetzen (siehe Foto).

6 Die Kekse im Ofen auf der mittleren Schiene 15 bis 20 Minuten backen. Herausnehmen und noch warm mit Puderzucker bestäuben.

ORIENTALISCHE FEIGENRÖLLCHEN

Zubereitungszeit: 60 Min. | *Backzeit: 15–20 Min.*

Zutaten für 56 Stück

Für die Füllung:
1 ½ Bio-Orangen
160 g Honig
8 Soft-Feigen
170 g gemahlene Mandeln
170 g gemahlene Haselnüsse
1 TL Zimtpulver
3 EL Orangenblütenwasser
1 Prise Salz
1 Msp. Vanillemark
1 Msp. abgeriebene Bio-Zitronenschale

Außerdem:
7 Bögen Yufka-Teig (30 x 31 cm, aus dem Kühlregal)
180 g flüssige vegane Margarine
etwas Schwarzkümmel oder Kreuzkümmel
Puderzucker zum Bestäuben

1 Eine Orange heiß waschen, trocken reiben und ½ TL Schale fein abreiben. Alle Orangen auspressen und den Saft mit dem Honig in einem Topf unter Rühren sanft erwärmen. Die Feigen klein schneiden und im Orangen-Honig bei schwacher Hitze 30 Minuten ziehen lassen.

2 Nach dem Abkühlen die restlichen Zutaten für die Füllung zum Orangen-Honig geben und alles gut mit den Händen verkneten. Die Masse in 56 Stücke teilen. Den Backofen auf 180 °C vorheizen. Ein Backblech mit Backpapier belegen.

3 Die Teigbögen halbieren und jede Hälfte in vier Dreiecke schneiden. Diese jeweils dünn mit der Hälfte der flüssigen Margarine bestreichen. Auf der breiten Seite eines Dreiecks Füllung auftragen und etwas verstreichen (aber noch einen kleinen Rand lassen). Die Seiten zur Mitte hin ein wenig einschlagen, dann das Dreieck zur Spitze hin aufrollen.

4 Die Röllchen auf das vorbereitete Backblech legen und dünn mit der übrigen Margarine bestreichen. Mit ein paar Körnern Schwarz- oder Kreuzkümmel bestreuen. Im Ofen auf der mittleren Schiene 15 bis 20 Minuten goldgelb backen. Die Röllchen nach der Hälfte der Backzeit einmal wenden.

5 Die Feigenröllchen aus dem Ofen nehmen und noch warm mit Puderzucker bestäuben.

Register

Legende

g für glutenfrei

v für vegan